À Laure, Kilian et Emilia

Comment ne pas réprimer un rire de dégoût en lisant les propos de table d'Adolf Hitler justifiant son végétarisme par la révulsion que lui inspirent les abattoirs ?

La dureté avec laquelle le tyran traite ses semblables n'a d'équivalent que la douceur avec laquelle il cajole son nombril et sa bedaine. Il faut avoir l'estomac bien accroché et la conscience volatile pour ne pas être pris de nausées en enfournant les aliments les plus délicats tandis que son peuple se nourrit d'herbes folles et de rats crevés. Mais l'indécence n'a jamais coupé l'appétit du tortionnaire suprême. Au contraire : elle l'aiguise. Le dictateur se montre particulièrement sensible à l'accord mets-sang. Le récit des derniers instants d'un « ennemi du peuple », qu'il venait de faire assassiner, égayait les repas de Joseph Staline. Les images télévisées de cadavres iraniens, filmés en plan serré sur les champs de bataille, accompagnaient avec bonheur les dîners de Saddam Hussein.

La table du despote est par définition hors norme, échappant aux règles de l'hospitalité et de la bienséance. Sur la nappe, toutes les caractéristiques de la tyrannie ont leur rond de serviette : l'absolutisme, la servilité, la peur, la mégalomanie, la paranoïa, l'égocentrisme et la vulgarité. De ce point de vue, le repas du sacre de Sa Majesté Impériale Bokassa Ier s'impose comme un modèle difficile à surpasser. La table des tyrans n'est pas toujours aussi caricaturale et s'efforce de se raccrocher à un semblant de normalité. Si peu doués pour la commensalité, certains de ces hôtes tentent maladroitement de singer les bonnes manières de table en cours sous des ciels moins barbares. Au Berghoff, Adolf Hitler inflige à ses convives d'interminables déjeuners au conformisme petit-bourgeois, tandis que Nicolae Ceauşescu force sa nature pour se présenter sous les traits du maître de maison convivial.

L'œuvre sanglante de ces six despotes est suffisamment documentée pour qu'on se dispense de surligner l'horreur de leurs crimes par un ton funèbre. Il faut s'autoriser à rire de leurs étranges lubies. Les tyrans aiment n'inspirer que l'effroi. Or les observer à hauteur de table révèle le grotesque et l'absurdité de leur régime.

La vie des dictateurs est rarement linéaire. Leur alimentation épouse des courbes tout aussi sinueuses. Venus de milieux modestes, voire très pauvres, Staline, Mao, Bokassa, Ceauşescu, Hussein ont vécu des enfances marquées par la faim. Issu de la petite bourgeoisie, Hitler ne connaîtra la misère et les jours sans pain qu'après avoir quitté la maison familiale. Cette expérience viennoise, le pamphlétaire du NSDAP la mettra d'ailleurs soigneusement en scène dans *Mein Kampf*, se peignant abusivement sous les traits d'un forçat de la faim.

Ensuite, les années de clandestinité, de lutte, voire de prison ont habitué les estomacs des dictateurs aux repas épisodiques et expéditifs. Une fois arrivés au pouvoir, ils ont pu jouir librement des plaisirs de la vie et traiter leurs papilles avec tous les égards dus à leur pouvoir sans partage. Tous n'en profitèrent pas jusqu'au bout. La vie au fond d'un bunker, dans une cellule ou en exil ne favorise guère la grande cuisine.

Même si de nombreux propos et habitudes de table relatés dans ces pages ne manquent pas de saveur, il ne s'agit pas d'empiler les anecdotes dînatoires pour faire croustiller l'insignifiant. Ce livre a pour ambition de revisiter ces grands et funestes destins sous l'angle encore inexploré de la table en lui donnant tout son sens.

Mao Zedong

La révolution n'est pas un dîner de gala

L'empereur est nu. Ou presque. Le maillot de bain remonté jusqu'au nombril, Mao Zedong a descendu hardiment la petite échelle du bateau pour plonger son corps replet dans le Yang-tseu-kiang. Le vieux président fait la planche, le regard planté dans le bleu céleste. Sa tête ronde et son ventre rebondi affleurent les eaux du fleuve Bleu. Dans la Chine du milieu des années 1960, à peine remise de la famine provoquée par le Grand Bond en avant, il n'est pas donné à tous de faire apparaître côtes et maxillaires enrobés d'une fine couche de graisse. Bientôt mythifié par Andy Warhol, ce visage joufflu respire la santé. Durant les « trois années noires », la bedaine, qu'emprisonne un large caleçon de bain blanc, n'a pas été nourrie de rats crevés, de mauvaises herbes, d'écorces d'arbre ou de kaolin, cette argile blanche qui finit par bloquer les intestins. Les marmites des cuisiniers de Mao n'ont pas eu à faire mijoter les membres décharnés de ses voisins, de ses parents ou de ses propres enfants morts de faim. « La révolution n'est pas un dîner de gala », avait prévenu Mao dans l'une de ses plaisantes formules longtemps reprises en chœur au Café de Flore. Sur ce point, le président-poète a été fidèle à sa parole. En revanche, trente à quarante millions de cadavres pourraient témoigner que la révolution fut un dîner de gala pour les seuls asticots.

Entouré d'une nuée de gardes du corps, de cadres du parti et de jeunes militants enfiévrés, le Bouddha barbotte paisiblement. Cette baignade du 25 juillet 1966 signale le retour de Mao sur le devant de la scène et le début d'un nouveau fléau : la Révolution culturelle. Les eaux tranquilles du Yang-tseu-kiang ne vont pas tarder à se transformer en un torrent de haine et de bêtise qui charriera des millions de vies brisées. La geste maoïste – la régénérescence politique dans le plus grand fleuve de Chine – éblouit l'intelligentsia parisienne et une jeunesse française en quête d'héroïques figures révolutionnaires. Le ventre de Mao et son embonpoint ne les intéressent pas. À quoi bon pointer du doigt les formes du Grand Timonier ?

Ce corps pansu, offert au regard de tous, raconte pourtant une histoire. « Quand les gros maigrissent, les maigres meurent », constatait Lao-tseu. Mao Zedong n'a même pas eu à maigrir ni à souffrir de la famine dans laquelle son aveuglement idéologique a précipité son peuple. Au fil des années, sa haute silhouette s'est même épaissie. À 62 ans, le Grand Timonier pèse 85 kg pour 1,78 m. Son médecin personnel, le docteur Li Zhisui, lui suggère d'alléger un régime alimentaire riche en graisses et en calories. Mais Mao reste sourd aux recommandations du praticien. Très tôt, il a décidé de se moquer des privations qu'imposent la bonne morale et la bienséance. « La conscience modère les envies, par exemple l'envie de trop manger ou de trop s'adonner au plaisir sexuel », professe-t-il dans l'un de ses écrits de jeunesse. « Mais la conscience n'est là que pour modérer, pas pour contrarier. Et la modération ne doit tendre qu'à mieux assouvir l'envie. »

Les plats huileux combinés au manque d'exercice – hormis la natation – ont eu raison de la silhouette longiligne du héros révolutionnaire que la vie avait jusque-là dessinée à la serpe. Si, dans son enfance, le petit Mao n'a pas eu à souffrir de malnutrition, la pingrerie maladive de son père l'a prémuni contre le risque de surpoids. Cet ancien soldat de l'armée du vice-roi du Hunan et du Hubei possède alors deux acres et demie de rizières, faisant de lui l'un des propriétaires terriens les plus aisés du village de Shaoshan. Il compte pourtant chaque sou et chaque grain de riz avec la fureur d'un Harpagon. Ses deux ouvriers agricoles doivent se contenter d'une ration quotidienne de riz. Aucun morceau de viande ne vient jamais égayer leur maigre pitance. Se croyant magnanime, le père de Mao accepte que des œufs accompagnent le riz... une fois par mois ! La famille est soumise, peu ou prou, au même régime frugal. Mao gardera un souvenir intact de sa gamelle enfantine joyeuse comme un coup de trique. « À moi, il ne donnait ni œufs, ni viande », racontera-t-il plus tard, évoquant le souvenir de ce père avaricieux.

Par la suite, ses maigres revenus d'assistant bibliothécaire puis de directeur d'école primaire ne permettront pas à Mao d'afficher l'aisance des nantis. Il faut qu'il rejoigne le parti des pauvres et des affamés pour constater une nette amélioration de son quotidien. Devenu le chef provincial du jeune Parti communiste chinois (PCC) dans le Hunan, le cadre de 28 ans peut désormais compter sur l'aide financière des Soviétiques. Lui qui a toujours tiré le diable par la queue n'a plus à se soucier de gagner son pain. Dès lors, l'hédoniste Mao renonce à l'enseignement et au journalisme, pratiqués de manière dilettante, pour suivre un rythme de vie à sa convenance. Avec l'énergie du lettré autodidacte, il passe des nuits entières à lire pour n'émerger qu'à une heure avancée du jour, habitude qu'il conservera jusqu'à la fin de sa vie.

Les nourritures spirituelles ne lui font pas oublier des satisfactions plus prosaïques : « Je m'occupe de bien manger tous les jours, ce qui me permet tout à la fois de satisfaire mon estomac et d'améliorer ma santé », écrit-il dans une lettre adressée à son ami Siao-yu. Durant sa vie entière, Mao voit dans la nourriture une source importante de son équilibre physiologique, mental et intellectuel. Il croit aux bienfaits des protéines animales censées stimuler les neurones. Ce rapport de Mao à la nourriture n'a rien de très original en Chine, où l'acte de manger ne se résume pas à l'assouvissement d'un besoin naturel.

Depuis des siècles, bien avant l'essor de la diététique en Occident, les Chinois prêtent à l'alimentation le pouvoir de renforcer l'énergie du corps et celle de l'esprit, et même de les soigner. Selon les principes de l'énergétique chinoise, les cinq saveurs (acide, amère, douce, piquante, salée) agissent directement sur les organes. Il convient d'équilibrer ces saveurs dans l'assiette, chacune d'entre elles étant associée à une partie du corps. Par exemple, l'amer est à la fois asséchant et rafraîchissant. Il nourrit le cœur. En excès cependant, il assèche et blesse les os. Le doux est relaxant et calmant. Il alimente la rate mais fragilise les reins si l'on en abuse.

La nourriture est en outre classée suivant l'effet thermique produit sur l'organisme : froid, frais, neutre, tiède, chaud. On la consomme en fonction des saisons mais aussi de sa propre « nature ». Une personnalité « yang », avec une tendance à avoir chaud facilement, privilégiera les aliments neutres et frais. Une personnalité « yin », réputée plus frileuse, s'orientera vers du chaud et du tiède.

À cette codification subtile de la cuisine chinoise s'ajoute la grande variété des gastronomies provinciales, reflet d'un pays de dix millions de kilomètres carrés. Il serait d'ailleurs plus juste de parler « des cuisines chinoises » au regard des grandes différences qu'elles présentent les unes par rapport aux autres. Les plus connues au-delà des frontières sont les cuisines du Shandong, du Jiangsu, de l'Anhui, du Zhejiang, du Fujian, du Guangdong, du Sichuan et du Hunan, la région natale de Mao. Jusqu'à son dernier voyage, le Grand Timonier restera d'une très grande fidélité à cette gastronomie faite de ragoûts, de fritures et de cuissons à l'étouffée. La cuisine du Hunan ne lésine ni sur l'huile ni sur le piment fort mais utilise moins de sucre que d'autres gastronomies provinciales.

Dans cette région du sud de la Chine, les hivers frais et humides, les étés lourds et orageux favorisent une production agricole diversifiée. Du poulet sauté de Dong'an, des cuisses de grenouilles pimentées et épicées, en passant par le bœuf à l'écorce d'orange, la poitrine de porc cuite dans la sauce de soja caramélisée, les crevettes au riz croustillant ou le tofu puant, les amateurs de bonne chère y trouvent facilement leur compte. La large variété de mets goûteux qu'offre sa région n'incitera guère Mao à s'aventurer sur d'autres sentiers. Il s'en tient à la cuisine de sa jeunesse, à la fois rustique et savoureuse. Ses repas se composent habituellement de deux plats de légumes et d'une viande, surtout du bœuf et du cochon. Le dictateur communiste a un faible pour le porc gras cuisiné « à la Hunan » et le *shuanyangrou*, de fines tranches d'agneau cuites dans du bouillon et agrémentées d'une sauce riche.

À cette double approche somme toute assez classique de la table – énergétique chinoise et fidélité à la cuisine de sa région – Mao Zedong superpose une lecture plus atypique. Prompt à analyser les faits et gestes du quotidien en des termes doctrinaires, le grand idéologue du Parti communiste chinois pose sur la nourriture un regard éminemment politique. Le piment, dont il use et abuse, symbolise à ses yeux le feu révolutionnaire. Le piquant du poivre rouge qui enflamme le palais et l'estomac teste le métal dont est fait un vrai communiste. Les mets peu relevés trahissent à l'inverse un caractère insipide et une mollesse coupable, voire droitiste. Dans son livre *Une région particulière de la Chine*, l'envoyé de Staline, Petr Vladimirov, raconte combien Mao était intrigué par le régime alimentaire du leader soviétique.

> « Staline est un révolutionnaire ? Aime-t-il le poivre rouge ? Un authentique révolutionnaire doit manger du poivre rouge. Alexandre de Macédoine adorait sans aucun doute le poivre rouge. Il était un grand homme et un révolutionnaire. Staline mange sans doute lui aussi le poivre. Toi aussi, mange le poivre. Vas-y, si tu es un révolutionnaire. »

Le Grand Timonier se méfie des saveurs suaves et raffinées qui trahiraient un affadissement de la ferveur politique. Dans ses Mémoires, son médecin personnel relate la surprenante leçon que lui administre le leader de la Chine communiste. Invité à goûter un plat de melon amer cuit avec des piments, le docteur Li Zhisui réagit par une petite grimace, suscitant l'hilarité de Mao : « Tout le monde devrait goûter à l'amertume, au cours de sa vie ! Surtout les gens comme vous. Vous avez étudié la médecine et puis vous êtes entré dans la vie professionnelle. Vous n'avez probablement jamais mangé amer. » L'expression *chi ku* employée ici recouvre une signification littérale et figurée : « avaler quelque chose d'amer » et « connaître des épreuves ».

Aux yeux de Mao, le palais s'éduque et se rééduque, tout comme l'esprit. Les fines gueules doivent se voir rappeler le goût amer des aliments pour ne point succomber au « droitisme », au « déviationnisme », au « révisionnisme », toutes ces lubies en « -isme » qui obséderont Mao sa vie entière. Sous son règne, nombre d'intellectuels seront « invités » à prendre la pioche et la faux pour suer sang et eau afin de ne jamais oublier ce qu'endure le peuple. Le maître de Pékin se méfie de l'effet émollient des fastes du pouvoir qui transforment si aisément des révolutionnaires ascétiques en des notables gras et pansus coupés des réalités. Les grosses bedaines des cadres du parti témoignent d'un embourgeoisement coupable qu'il pourfend avec âpreté : « Toute la journée, ils se plaignent, et le soir, ils vont au théâtre, fulmine-t-il lors de la grande conférence des 7 000 cadres à Pékin en janvier 1962. Ils font trois repas par jour – et pètent. Voilà ce que le marxisme-léninisme signifie pour eux. »

Mao Zedong ne souhaite pas davantage que ses enfants bénéficient de privilèges liés à leur filiation. La République populaire se doit d'être exemplaire, de bas en haut. Apprenant que ses filles Li Na, Li Min et son fils Mao Yuanxin mangent les repas que son chef personnel lui prépare dans la cuisine de Zhongnanhai, il ordonne la fin de ce régime de faveur. Ses enfants devront aller au réfectoire public tout comme les fonctionnaires et les cadres du parti. De même tient-il à ce que le « premier groupe » (ainsi nomme-t-on le personnel ayant un accès direct au président) ne se gave pas sur le dos du peuple.

En décembre 1959, alors qu'une réception est organisée dans la province du Zhejiang à l'occasion de son soixante-sixième anniversaire, Mao décline l'invitation mais laisse ses collaborateurs prendre part au banquet. Il leur demande à tous d'éviter les excès. La crise alimentaire a commencé à frapper le pays, conséquence de son inepte Grand Bond en avant, et il serait indécent de festoyer dans un contexte aussi sombre. Mais, entre les principes et leur application dans le monde réel, le fossé est profond. Ce soir-là, oubliant les recommandations du camarade Mao, les bouches avides des apparatchiks embourgeoisés engloutissent les mets les plus coûteux tout en trinquant joyeusement à la santé du communisme.

Leurs rots fleurent bon le potage aux nids d'hirondelles avec pigeonneaux tandis que leurs fesses laissent échapper des flatulences qui n'ont pas le parfum du marxisme-léninisme mais l'odeur de la soupe aux ailerons de requin.

Au royaume du communisme chinois, tous les cadres sont égaux mais certains le sont plus que d'autres. Sous Mao, les réfectoires de l'administration centrale reflètent ce grand écart entre les discours égalitaristes et la réalité. Suivant une hiérarchie savamment bureaucratique, les cadres sont classés en quatre catégories déterminées par la taille de la marmite dans laquelle mijote leur nourriture. Celle-ci est inversement proportionnelle au statut des hommes du PCC. Les hauts dirigeants et leur famille se voient servir des plats mitonnés par des chefs expérimentés dans les marmites les plus petites. Les cadres de haut rang mangent la cuisine que leur préparent des cuisiniers moins chevronnés. Les cadres de rang intermédiaire doivent quant à eux se contenter de marmites de taille moyenne. Les cadres de rang inférieur ont droit à d'énormes gamelles où cuit une nourriture grossière destinée au plus grand nombre.

Si les marmites officielles pouvaient parler, elles raconteraient cette histoire des petits arrangements avec les grandes leçons communistes. En revanche, les marmites des campagnes ne sont plus de ce monde pour témoigner du danger mortel que représentent les utopies totalitaires. Des millions d'ustensiles de cuisine métalliques ont fini leur vie dans les fourneaux de poche qui ont envahi les campagnes chinoises pour produire un acier inutilisable.

Du passé faisons table rase… Dans le monde rêvé de Mao Zedong, les camarades paysans n'avaient plus besoin de cuisiner chez eux. Les cantines populaires des « communes » nourrissant les travailleurs et leurs familles, les marmites, les chaudrons, les woks, les casseroles, les louches n'avaient plus leur place dans les foyers. La collectivisation des terres agricoles n'avait pas suffi, il fallait aller plus loin. La table familiale devait à son tour disparaître et, avec elle, l'individualisme rétrograde des campagnes. « Manger dans un réfectoire public sans payer, c'est du communisme », avait décrété Mao. L'instant de table devait servir à éduquer les masses, contribuer à faire jaillir un idéal de fraternité. « Si les êtres humains vivent seulement pour manger, cela n'est-il pas semblable aux chiens qui mangent de la merde ? Nous devons mettre en pratique certains des idéaux du socialisme utopique. »

On sait ce qu'il advint de cette chimère maoïste. Le fol espoir de dépasser à terme la production d'acier de la Grande-Bretagne, puis des États-Unis, se révélera un désastre, à l'image de la mélasse inexploitable sortant des petits hauts fourneaux villageois. Mais surtout « l'aventurisme » industriel de Mao a conduit à la pire famine du XXe siècle, avec son lot d'horreurs cannibales, qu'aujourd'hui encore les autorités chinoises s'efforcent de minimiser. « Le grand sauveur du peuple » a vu juste sur un point : durant les « trois années noires », les ustensiles de cuisine sont bel et bien devenus inutiles dans les campagnes… faute de nourriture.

Au cœur du pouvoir chinois, à Zongnanhai, les effets de la famine se font aussi durement sentir. Beaucoup de produits de base viennent à manquer, des fonctionnaires font pousser des légumes devant leur bureau pour améliorer leur maigre pitance, les cas d'œdème et d'hépatite liés à la malnutrition se multiplient jusque dans les cercles du régime. Tout est cependant mis en œuvre pour cacher à Mao la gravité de la situation. Son assiette ne doit pas lui révéler les désastreuses conséquences de sa course insensée à l'industrialisation. Les plats posés sur la table du président Mao ne font que prolonger les rapports mensongers et les chiffres truqués qui atterrissent sur son bureau. Mais ce fiasco ne peut être masqué indéfiniment. Peu porté sur l'autocritique, Mao blâme d'abord et avant tout l'incurie des cadres régionaux du parti combinée à de prétendues catastrophes naturelles.

Mauvaise conscience ou grosse ficelle ? En leader exemplaire, Mao Zedong décide de faire maigre en se privant momentanément de viande… « Quand tout le monde meurt de faim, je ne peux pas manger de la viande », décrète-t-il, s'obstinant dans son héroïque régime végétarien malgré les prières de son entourage. Le ventre de ce demi-dieu qu'est devenu Mao Zedong fait l'objet de toutes les attentions, fait naître toutes les inquiétudes. Un tel sacrifice ne risque-t-il pas de nuire à la santé du nouveau « fils du Ciel » ? Ses seconds dans l'ordre hiérarchique du parti, Liu Shaoqi et Zhou Enlai, s'affolent, essaient de faire revenir leur ancien compagnon d'armes sur sa décision. Les provinces du Nord-Est lui envoient de la viande de tigre et de cerf en le suppliant d'en manger. Peine perdue. « Donnez-la aux réfectoires où tout le monde pourra en profiter », ordonne-t-il, suscitant l'admiration béate de ses humbles serviteurs.

Ces privations alimentaires restent cependant très relatives, ne se comparant en rien aux jeûnes sacrificiels du Mahatma Gandhi. Selon ses biographes Jung Chang et Jon Halliday, Mao se rattrape alors sur le poisson, qu'il consomme avec délectation et gloutonnerie. On dit le « grand leader » friand de carpe, de soupe à la tortue et de poisson de Wuchang, célébré par l'un de ses vers : « J'ai juste bu l'eau du fleuve Yang-Tsé et le poisson Wuchang me manque déjà. » La chair blanche et tendre de ce poisson inspire au dictateur-poète une certaine mélancolie. Visiblement, elle le rend aussi plus capricieux qu'un empereur de droit divin. N'écoutant que ses envies, Mao Zedong aurait fait effectuer un voyage d'un millier de kilomètres à un poisson Wuchang transporté dans une poche d'eau oxygénée jusqu'à sa cuisine. Il fallait que le poisson arrivât vivant sous le couteau de son chef, l'estomac du Grand Timonier ne supportant que des produits de première fraîcheur.

Dis-moi ce que tu manges, je te dirai quel dictateur tu es… Peindre Mao Zedong à la façon d'Arcimboldo n'est pas chose aisée tant le mystère entourant sa vie privée a longtemps nourri les fantasmes. Son portrait légumier et fruitier parerait-il sa face lunaire des produits rustiques de sa campagne natale ? Le tableau s'inscrirait-il dans la ligne de la propagande officielle faisant de Mao un homme ascétique et austère venu sur terre pour « servir le peuple » ? Le portrait serait-il plus ressemblant si du visage jaillissaient des aliments sophistiqués révélant les petites hypocrisies d'un homme professant le communisme le plus pur tout en menant une vie de nabab à l'abri des regards ?

Certains détails ridiculisent définitivement l'image du grand leader mangeant comme les masses populaires. Exclusivement réservée à la cuisine de Mao, la rizière d'où provient son riz fut aussi celle de la cour impériale depuis des temps reculés. Les légumes, les viandes et les œufs de premier choix trônant dans son assiette viennent de la ferme de la montagne Géante (*Jushan*) suivant un système d'approvisionnement complexe et coûteux. Quant au thé, seul le plus raffiné de Chine, le *dragon well*, est jugé digne d'infuser dans la première théière du pays.

Si Mao oblige ses enfants à partager la pitance du Chinois moyen, n'est-ce pas précisément pour cacher au monde extérieur les privilèges bien peu révolutionnaires dont il jouit sans scrupule ? Dans leur biographie très critique du leader chinois, Jung Chang et Jon Halliday parlent de sa colère en apprenant que sa fille Li Na emporte en douce à son université « quelques-unes des denrées de luxe qui faisaient l'ordinaire de son père ». « Rien ne devait écorner l'image qu'il voulait donner d'un dirigeant austère et qui, comme tout le monde, se serrait la ceinture… », concluent les auteurs. Mais un tel hiatus, somme toute habituel, entre la table des classes dirigeantes et celle du peuple suffit-il à fixer sur la toile le portrait d'un dictateur hypocrite donnant des leçons de socialisme appliqué, la bouche pleine de denrées délicates ?

La réponse à cette question invite à une certaine prudence. Tout d'abord, le traitement de faveur dont profite Mao ne lui est pas exclusivement réservé. Les hauts dirigeants du PCC, eux aussi, s'approvisionnent en aliments de qualité fournis par la ferme de la montagne Géante. Il s'agit de flatter les estomacs des héros de la Révolution en les nourrissant de bons produits. Mais la question de la sécurité alimentaire explique également les infinies et onéreuses précautions entourant l'approvisionnement. Les Chinois se sont inspirés des contrôles tatillons en cours en URSS. Peu après le voyage de Mao à Moscou, au début de 1950, deux spécialistes soviétiques de la nutrition ont été affectés au Bureau central des gardes pour mettre sur pied un système d'acheminement et d'inspection des aliments. Selon la procédure établie, le cuisinier de Mao envoie sa liste au Service de l'approvisionnement du Bureau central des gardes qui transmet la commande à la ferme de la montagne Géante. Une fois livrés, les aliments sont soumis à des examens dans deux laboratoires, pour vérifier leur état de fraîcheur et leur valeur nutritionnelle, mais aussi afin de détecter d'éventuelles traces de poison. Après cette batterie de tests, les aliments destinés au leader suprême sont portés à un service de goûteurs qui ingurgitent des échantillons avant de les transmettre à la brigade de cuisine. Ce protocole délicieusement bureaucratique a aussi inspiré les procédures de sécurité alimentaire destinées à protéger les dirigeants provinciaux.

Mao trouve d'ailleurs bien pesants et excessifs tous ces contrôles paranoïaques. Son médecin personnel raconte la panique généralisée que provoque la découverte de traces de cyanure dans les pousses de bambou prévues au menu d'un banquet lors d'un déplacement présidentiel en province. Une main criminelle a-t-elle cherché à attenter à la vie du père de la Chine communiste ? Le docteur Li Zhisui a tôt fait de rassurer les services de sécurité, sur les dents : les pousses de bambou contiennent naturellement du cyanure à des doses absolument inoffensives.

Quand Mao a vent de l'affaire, il livre le fond de sa pensée sur les tests de laboratoire :

> « Je ne pense pas que ce soit une bonne idée de tout copier aveuglément sur les pays étrangers. Voilà qu'ils mettent en place ce système de contrôle des aliments partout dans le pays, et plus seulement à Pékin. Cela met tout le monde dans un état indescriptible pour rien [...]. Le jour où j'ai dit "Prenez exemple sur l'Union soviétique" je n'ai pas demandé que l'on apprenne à chier et pisser comme les Russes. »

À sa demande, les deux laboratoires et le service des goûteurs seront supprimés et la gestion de la ferme de la montagne Géante confiée à la municipalité de Pékin.

L'adulation que suscite Mao explique certainement l'excès de zèle mis en œuvre pour satisfaire les désirs du grand homme. Le culte de la personnalité a fait son œuvre, transformant l'entourage du tyran en une armée de serviteurs empressés et obséquieux. Un tel génie mérite, à leurs yeux, les plus grands égards. Les empereurs de

Chine avaient tenu entre leurs mains un pouvoir d'essence divine justifiant que rien ne fût trop beau ni trop bon pour leur auguste ventre. Un homme prodigieux a pris leur place, tirant sa légitimité d'une source à peine moins puissante : le peuple. L'apparente contradiction idéologique entre la défense des masses populaires et le traitement impérial réservé à son chef s'en trouve dès lors résolue. Mao Zedong est l'incarnation du peuple. Servir Mao revient à servir le peuple. Nourrir Mao revient à nourrir le peuple.

Une telle pirouette doctrinale autorise logiquement le « soleil rouge de nos cœurs » à ne plus rien se refuser – à l'instar de la dynastie nord-coréenne des Kim connus pour leurs somptueux repas. Bien que correctement garnie, la table de Mao n'a pourtant jamais chaviré dans l'extravagance la plus débridée ni dans la gabegie ostentatoire. La mauvaise conscience ne lui ayant cependant jamais ôté l'appétit, l'explication de cette relative retenue se niche probablement dans ses racines paysannes. Il a hérité de son éducation le souci constant de ne pas gaspiller, de ne rien jeter. Il préfère garder sur le dos des vêtements miteux plutôt que de s'en procurer des neufs. Le révolutionnaire poète, le penseur idéologue, l'homme d'État érudit n'a rien voulu changer à ses habitudes de paysan mal dégrossi. Jamais, par exemple, il n'adoubera les toilettes à l'occidentale, préférant ouvrir ses intestins dans la nature ou dans les jardins de Zhongnanhai. L'une des missions de ses gardes du corps consiste d'ailleurs à suivre le chef de l'État, pelle à la main, afin de creuser un trou là où il défèque sans excès de protocole.

Mao n'a pas davantage fait sienne l'habitude de se brosser les dents matin et soir. Un thé grossier lui tient lieu de pâte à dentifrice, et il se contente de se rincer la bouche pour déloger les restes alimentaires coincés entre ses dents gâtées, conséquence de cette absence totale de brossage et d'une tabagie compulsive. Le tigre ne déchiquette-t-il pas ses proies de ses crocs redoutables sans jamais utiliser de brosse à dents ? argumente-t-il. Les années passant, sa dentition pourrie, recouverte d'une épaisse couche verdâtre, ne lui permettra plus de croquer dans un fruit sans risquer d'y laisser une canine.

La folie des grandeurs n'ayant pas contaminé le fils de propriétaire terrien du Hunan, Mao n'éprouve aucune envie de baguenauder sur des terres gastronomiques étrangères. On ne lui connaît pas de dispendieuse passion pour le caviar, le homard, la truffe, le cognac, le champagne… tous ces produits de luxe qui ornent si souvent les tables absolutistes.

Les voyages forment les papilles. Or Mao ne s'est guère aventuré au-delà des frontières de son pays-continent. Lors de ses visites au « grand frère soviétique », il snobe ostensiblement la cuisine russe. En novembre 1957, l'URSS célèbre le quarantième anniversaire de la révolution bolchevique et a envoyé deux TU-104 pour convoyer la délégation chinoise. Les hôtesses traitent dignement les dirigeants du parti frère, leur servant en abondance caviar, poisson, pommes de terre, sandwichs et vodka. Lors des escales techniques, des buffets froids attendent la délégation. « Ce n'est pas à notre goût », lâche d'un ton dédaigneux Mao, accompagné de deux cuisiniers chinois.

Suivant une logique ostentatoire, la glorieuse URSS a réservé un accueil impérial à ses visiteurs étrangers. Nimbés dans la majesté de l'ancienne résidence de l'impératrice Catherine, les dignitaires chinois sont traités comme des nababs. Comme il se doit, le président Mao a hérité de la suite la plus luxueuse. Les tables sont garnies de pommes, d'oranges, de chocolats, de jus de fruits, d'eau minérale, de boissons alcoolisées et de cigarettes. Loin d'impressionner Mao Zedong, ces fastes le laissent de marbre. Ses origines campagnardes l'incitent à se méfier de tous ces salamalecs, trop généreux pour être honnêtes. Si Nikita Khrouchtchev croit ainsi amadouer son grand rival du camp communiste, il se trompe lourdement. La débauche de luxe suscite même chez Mao une ironie mordante. « Voyez comme ils nous traitent différemment cette fois. Même dans ce pays communiste, ils font la différence entre les forts et les faibles. Quels snobs ! » maugrée-t-il, se souvenant de l'accueil condescendant qu'avait réservé Staline en 1949 aux nouveaux maîtres de la Chine.

Ses habitudes alimentaires paysannes et peu de voyages hors de Chine ne suffisent pas à expliquer son manque d'intérêt pour les cuisines étrangères. À sa grille de lecture socialiste de l'assiette, il faut superposer des convictions foncièrement « anti-impérialistes ». L'action du dirigeant communiste ne se comprend pas totalement sans la prise en compte de ses convictions nationalistes. C'est l'observation qu'en fait François Mitterrand dans son livre *La Chine au défi*, fruit d'une plongée dans la République populaire de Chine en 1961. Le futur président socialiste relève que le combat politique de Mao n'est pas seulement guidé par son engagement marxiste. Celui-ci vénère aussi la longue histoire de son pays et voue une certaine admiration aux empereurs bâtisseurs de la civilisation chinoise.

Les occupations successives de la Chine par les puissances occidentales et le Japon ont meurtri ce patriote qui entend instaurer la dictature du prolétariat mais aussi restaurer la grandeur nationale. L'unité du pays passe par la célébration d'une histoire commune qui peut se lire jusque dans le bol de riz quotidien. Au plus fort de la guerre civile, c'est en ces termes que Mao le chef rebelle en avait appelé à une trêve avec les troupes nationalistes de Chiang Kaï-shek face à l'invasion japonaise : « Nous sommes chinois, nous mangeons les mêmes céréales chinoises. Nous vivons dans le même pays [...]. Pourquoi serions-nous ennemis ? » Cette approche patriotique de la table nourrit sa méfiance envers les influences extérieures. Si la Chine, affaiblie et humiliée, a brisé les chaînes de l'occupation, ce n'est pas pour renier son identité nationale et singer le style de vie des anciennes puissances coloniales. À certains égards, l'expression culinaire de ce « sinocentrisme » perdure aujourd'hui. Lors des réceptions à l'étranger, les dirigeants chinois ont la réputation de bouder la cuisine occidentale pour se rattraper sur les plats concoctés par les chefs de leur délégation.

Ce 14 février 1950 à Moscou, Mao n'est pas mécontent de voir s'achever son premier voyage à l'étranger, long de deux mois. Lui, le héros de la longue marche, le nouvel homme fort de la Chine communiste, ne s'est pas senti traité avec tous les honneurs dus à son rang et à son rôle d'allié. Il a fallu insister pour que le camarade Staline condescende à sortir de sa forteresse et vienne célébrer le traité d'amitié, d'alliance et d'assistance mutuelle signé entre l'URSS et la République populaire de Chine. Les Chinois tiennent à ce que la réception se déroule au palace moscovite Le Metropol, où ils ont établi leurs quartiers. Mais le « généralissime » n'a pas pour habitude de prendre part à des dîners de gala dans les salons des ambassades ou des grands hôtels. Le plus simple ne serait-il pas que la cérémonie se tienne dans l'une des gigantesques salles d'apparat du Kremlin ? Mao tient bon : même le « grand Staline » ne lui fera pas perdre la face. De quoi aurait-il l'air si la réception organisée par son pays se déroulait dans les meubles du pouvoir soviétique ?

Le *Vojd* finira par accepter de faire les quatre cents mètres qui séparent le majestueux hôtel Metropol de son bureau du Kremlin pour se joindre aux cinq cents convives. Les incroyables mesures de sécurité mises sur pied par la police de Beria attestent que les sorties en ville de Staline sont rarissimes. En vieillissant, le dictateur soviétique est devenu à ce point paranoïaque que ses services de sécurité jugent nécessaire de l'abriter derrière une vitre blindée durant le repas. Mao lève son verre de *maotai* à la nouvelle amitié sino-soviétique et souhaite une longue vie au camarade Staline. Dans son toast, ce dernier se montre nettement moins chaleureux. Avalant d'un trait sa vodka, le « chef génial de l'humanité en marche » évacue rapidement la question du traité sino-soviétique et préfère s'appesantir sur la « traîtrise » du camarade Tito.

Durant tout son séjour en URSS, le leader chinois s'est justement senti traité comme un « sous-Tito », baladé et humilié. Loin de l'accueillir à bras ouverts, le leader soviétique a laissé mijoter le nouveau maître de la Chine dans l'attente de ses engagements, alternant le chaud et le froid. Staline n'est guère pressé de remettre en cause l'équilibre mondial né du sommet de Yalta. Pas plus qu'il ne souhaite accorder un soutien inconditionnel à ces communistes chinois qu'il compare volontiers à des radis : rouges à l'extérieur, blancs à l'intérieur. Fidèle à ses jeux d'intrigue, le maître du Kremlin tient, en outre, à asseoir sa position de partenaire dominant dans ce couple de géants du monde communiste. La fraternité marxiste-léniniste a ses limites : Staline compte obtenir un traité servant au mieux les intérêts de son pays. Quant à faire délier les cordons de la bourse à son hôte, Mao s'est vite aperçu qu'obtenir des aides de Moscou revenait à « essayer de voler de la viande dans la gueule d'un tigre ».

En apparence, le dirigeant chinois et sa délégation n'ont pas à se plaindre de l'accueil des Soviétiques. En cet hiver 1949-1950, les frères chinois ne manquent de rien et surtout pas des nobles aliments qu'offrent encore les terres dékoulakisées de l'URSS. Mao n'est cependant pas venu à Moscou pour se bourrer de petits fours et de blinis au caviar ni pour s'enfiler des verres de vodka à tour de bras. Si son palais d'enfant du Hunan reste insensible à ce genre de raffinements, l'alcool ne trouve guère plus de place dans la panoplie déjà large de ses vices.

Ses narines exercées à l'intrigue n'ont pas tardé à renifler l'odeur du traquenard politique et de la manœuvre dilatoire. Toutes ces saveurs semblent poursuivre un seul et même but : le faire lanterner et amollir son esprit combatif alors que les discussions patinent. Les entrevues avec le leader soviétique sont sans cesse reportées. Ses interlocuteurs feignent de ne pas comprendre son impatience, maniant parfaitement l'art de la sourde oreille. Pour se faire entendre de Staline, mieux vaut encore s'adresser aux murs de la datcha que Mao imagine truffés de micros. Dans ses appartements aux allures de prison dorée, il explose de colère avec toute la poésie dont il sait faire preuve. « Je ne suis pas venu pour manger et chier », se révolte-t-il à haute et intelligible voix.

Le leader chinois suppose que tous ses propos seront traduits et portés à la connaissance du maître du Kremlin. Il n'a pas tort, sous-estimant même le zèle de ses hôtes. Il n'imagine pas que le monologue de ses intestins et sa production fécale intéressent tout autant ses alliés soviétiques. De plus en plus suspicieux avec l'âge, Staline tient à découvrir ce que Mao a réellement dans le ventre. Les services secrets à la solde du très créatif Beria ont eu l'idée de faire « parler » les excréments du Grand Timonier. En fouinant dans les archives du FSB, un ancien agent soviétique, du nom d'Igor Atamanenko, a récemment découvert des documents confidentiels sur cette technique peu conventionnelle d'espionnage : l'analyse secrète des selles des visiteurs étrangers. Moyennant un discret travail de plomberie, les matières fécales sont, affirme-t-il, redirigées vers des boîtes réceptionnant les précieux colis. De fortes quantités d'acides aminés essentiels dans les selles sont censées signaler un tempérament calme et facile, une faible présence de potassium dévoilera au contraire une personnalité nerveuse et sujette à l'insomnie.

L'observation attentive des selles des grands de ce monde n'est pas en soi une nouveauté. À la cour de Versailles, les médecins inspectaient quotidiennement les étrons royaux censés révéler l'état de santé de leur illustre patient. Datant de l'Antiquité romaine, l'expression « comment allez-vous ? » ne serait qu'un raccourci de « comment allez-vous à la selle ? », la sagesse populaire associant des intestins libérés de leur contenu avec une forme de bien-être physique et mental. De ce point de vue, Mao ne « va » pas très bien, ni très souvent.

Toute sa vie, il souffrira d'une constipation opiniâtre. Une semaine peut s'écouler sans que son ventre se libère du fardeau de ses deux repas quotidiens, ses levers très tardifs l'obligeant à prendre petit-déjeuner et déjeuner en même temps. La libération tant attendue de ses intestins est accueillie comme une bénédiction : « J'ai bien mangé, j'ai bien chié », exulte-t-il dans une lettre de jeunesse adressée à l'un de ses meilleurs amis. La fameuse PMZD (« pensée Mao Zedong ») s'enrichira même d'un aphorisme politique qui fleure bon le vécu. « C'est quand la merde et le pet sont sortis que le ventre est soulagé », professe, dans *Le Grand Livre Rouge*, le président-philosophe clairement obsédé par le sujet de la défécation.

À l'époque, les scientifiques à la solde de Staline ne peuvent soupçonner les capacités neuronales de l'intestin aujourd'hui mises en lumière par la recherche. Avec ses 200 millions de neurones, soit un nombre équivalent à celui que renferme le cortex d'un animal de compagnie, l'organe est d'une « intelligence » nettement supérieure à ce que l'on imaginait. Pour dire les choses trivialement, le long tuyau qui serpente dans nos ventres n'est pas qu'une usine à transformer les aliments digérés en merde. L'intestin produit 95 % de la sérotonine, la fameuse « molécule du bien-être ». Libérée dans le sang, la substance atteint l'hypothalamus, la zone cérébrale qui gère les émotions. Le système nerveux entérique adresserait ainsi des signaux au cerveau capables de changer notre manière d'appréhender le monde sans que l'on en ait pleinement conscience. Notre aptitude à penser de manière positive, à résister à la dépression et à l'anxiété, serait potentiellement influencée par ces « messages » envoyés au cerveau. Pour tester ce postulat, les chercheurs ont mené des travaux sur des souris de laboratoire faisant apparaître que l'injection d'un microbiote « sain » rendait l'animal plus volontaire, moins craintif. Ces greffes fécales prélevées sur un organisme bien portant pour soigner l'anxiété, les dépressions, l'autisme et les maladies neurodégénératives constituent désormais des pistes sérieuses dans la recherche médicale.

Quelle histoire d'outre-tombe raconteraient les intestins contrariés de Mao si leur production fécale, congelée dans des éprouvettes russes, était soumise aujourd'hui aux analyses les plus pointues ? Son microbiote nous renseignerait-il davantage sur certains traits de sa personnalité sujette à la neurasthénie, à des angoisses maladives et à de sévères troubles du sommeil ? L'histoire n'est pas façonnée par de grands mouvements désincarnés sur lesquels l'individu n'aurait aucune prise. Des hommes hors du commun faits de chair, d'os, de sang et de bactéries chevauchent le cours de l'histoire, l'amenant à suivre des chemins parfois inattendus. Ces caractères d'exception ont été forgés par un vécu, des influences, des calculs, des idéologies mais aussi des émotions qui pourraient, découvre-t-on aujourd'hui, se nicher dans les replis les plus sombres de leur anatomie. Il serait bien sûr cavalier d'établir un lien causal entre la vie intestinale tourmentée de dictateurs et leurs agissements criminels. Mais rien n'empêche d'oser l'hypothèse d'une funeste influence de leur « deuxième cerveau » sur leurs « émotions ».

Dans le climat d'hystérie qui présida à la Révolution culturelle, les offrandes hebdomadaires des intestins de Mao à la terre auraient pu devenir de saintes reliques. On imagine des foules hallucinées se prosternant devant ce don du Ciel et entonnant l'hymne des communistes chinois : « En Chine un Mao Zedong est né. Il recherche le bonheur du peuple. C'est le Grand Sauveur du peuple », osent les paroles de *L'Orient est rouge*, cantique révolutionnaire datant de 1942 et repris avec ferveur un quart de siècle plus tard. À la fin des années 1960, le pays vient de plonger dans des abîmes d'une imbécillité contagieuse. Ce sombre épisode de l'histoire chinoise prêterait à rire si tant d'hommes n'avaient payé de leur vie le fanatisme des jeunes Gardes rouges aveuglés par leur foi en Mao et en cette « révolution » censée rebâtir le communisme sur des bases pures. Dans les gares des villes, les voyageurs doivent effectuer une « danse de loyauté » sur le quai avant de monter dans le train. Les campagnes ne sont pas en reste. La vénération de « l'étoile salvatrice de la Chine » se fait animale : les porcs sont affublés d'une étiquette portant l'inscription « loyauté ». Ces « cochons de loyauté » grouinent leur amour de Mao avec la même ferveur que les esprits lettrés de Saint-Germain-des-Prés éblouis par le « phare de la pensée mondiale ».

Un fruit charnu, juteux et délicieusement parfumé symbolise ce basculement dans la folie collective qui enflamme la Chine « maoïsée » jusqu'au bout des baguettes. Dans son infinie bonté, Mao Zedong a distribué les mangues offertes par le Pakistan à des ouvriers de Pékin. Dans chacune des usines ainsi honorées, l'offrande donne lieu à une grande cérémonie. Le fruit sacré est enrobé de cire afin de le préserver pour les générations futures. Dans la salle de réunion de l'usine, la mangue est placée sur un autel devant lequel les ouvriers viennent s'incliner. Dans l'usine textile de Pékin, personne n'a songé à stériliser le fruit qui ne tarde pas à montrer des signes de décomposition. Le comité révolutionnaire de l'usine prend alors la décision d'éplucher la mangue, d'en faire bouillir la pulpe et d'organiser une seconde cérémonie solennelle. « Prenez et mangez, ceci est la mangue livrée pour vous ; prenez et buvez, ceci est le jus de mangue versé pour vous. » Tels des fidèles en communion, les ouvriers sont invités à venir boire une cuillerée de l'eau dans laquelle a bouilli la sainte offrande. L'histoire peut faire rire ou pleurer. Quand on lui rapporte la scène, Mao prend le parti d'en rire de toutes ses dents verdâtres. Ce culte voué à une mangue pakistanaise à demi-pourrie ne symbolise-t-il pas son emprise totale sur un pays transformé par son berger en un troupeau de « moutons de loyauté » ?

L'aura de Mao Zedong dépasse largement les frontières de la Chine qui, en froid avec l'URSS, se tourne timidement vers l'ouest au début des années 1970. Richard Nixon a ouvert la voie de façon spectaculaire en effectuant un voyage historique à Pékin en 1972. Le Français

Georges Pompidou, le Canadien Pierre-Elliot Trudeau et le Britannique Edward Heath marcheront sur les brisées du président américain. Dans la salle des banquets du Grand Hall du Peuple, les toasts au *maotai*, avec ses 53° d'alcool, contribuent à faire fondre la glace entre la République populaire de Chine et les puissances du monde capitaliste. Cette eau-de-vie de sorgho est devenue l'alcool fétiche du Parti communiste chinois. La légende veut que l'Armée rouge, en pleine déconfiture, se soit arrêtée en 1935 au village de Maotai pour panser ses plaies. L'eau-de-vie enflamma les gosiers des soldats démoralisés avant de leur donner la force et le courage de reprendre leur célèbre longue marche et leur guérilla avec les armées nationalistes. La distillerie deviendra propriété d'État tandis que le *maotai* accédera au rang d'alcool national servi aux banquets officiels.

Sur les photos de ces réjouissances, on chercherait en vain l'image de Mao Zedong levant son verre à la santé de ses invités étrangers. C'est habituellement à l'affable Zhou Enlai que revient la mission de s'entretenir courtoisement avec les grands de ce monde. Lors de la visite de Georges Pompidou, l'indispensable second de Mao représente la Chine à la réception donnée à l'ambassade de France de Pékin le 14 septembre 1973. Des cuisiniers de l'Élysée ont fait le voyage depuis Paris, embarquant à bord de leur avion les victuailles, les vins, les casseroles, les étuves et la vaisselle pour préparer sur place un « dîner retour ». Offert par la République française aux hôtes du pays visité, ce somptueux repas est une coûteuse tradition instituée par Pompidou et qui s'éteindra sous Jacques Chirac pour des raisons budgétaires. Comme à l'accoutumée, Mao Zedong n'a pas pris place à la table surchargée de l'ambassade française. Il n'a que faire de la langouste en bellevue à la parisienne, de la croustade de ris de veau financière, de la selle d'agneau rôtie Chevreuse, des framboises glacées Élysée qu'accompagnent ce jour-là les meilleurs crus convoyés de France.

« La révolution n'est pas un dîner de gala », a écrit Mao. Si cette formule restée célèbre se comprend d'abord au sens figuré, elle s'entend aussi au sens propre. Toujours fidèle à ses origines paysannes et à son combat révolutionnaire, Mao n'a jamais pris plaisir aux mondanités. Ce ne sont pas ses ennuis de santé qui l'inciteront, à la fin de sa vie, à changer son habitude de la chaise vide, même quand des grands chefs d'État foulent pour la première fois le sol de la Chine communiste. Absent des banquets officiels, le président les reçoit lors d'entretiens en tête à tête dans la « bibliothèque des chrysanthèmes parfumés » où il travaille, entouré de ses milliers de livres.

Son statut est tel que sa présence à table apparaîtrait décalée, inappropriée, voire contre-productive. A-t-on jamais vu un demi-dieu banqueter parmi les hommes ? Peu à peu, Mao Zedong s'est coupé de tout contact humain quotidien. Le repas n'est pas l'occasion de pérorer, entouré d'une cour buvant ses paroles. À l'inverse de Joseph Staline qui multiplie les soirées arrosées avec les camarades du Politburo dans sa datcha privée, Mao préfère se retirer dans l'isolement de ses propres pensées sans avoir à les partager avec d'anciens frères d'armes. Une grande table est disposée contre le lit où l'ermite travaille et mange, la plupart du temps seul et à demi dévêtu. Même son épouse, l'insupportable Jiang Qing, ne partage pas ses repas et encore moins sa couche, que « le soleil rouge de nos cœurs » réserve à un nombre incalculable de jeunes beautés.

L'une de ces femmes accompagnera Mao dans ses dernières années marquées par la décrépitude d'un corps que paralyse peu à peu la maladie de Charcot, diagnostiquée deux ans avant sa mort. La jeune et séduisante Zhang Yufeng a enflammé les sens du Grand Timonier, elle joue désormais le rôle officieux d'infirmière, de gouvernante, de cerbère et même d'interprète des borborygmes du tyran grabataire, personne d'autre ne parvenant plus à le comprendre. Zhang Yufeng tient à ce que Mao profite encore des menus plaisirs de la vie. À l'heure du repas, elle lui apporte un verre de *maotai*, passant outre les objections du médecin qui craint les quintes de toux que pourrait provoquer le tord-boyaux. Mais le président a tranché en faveur de sa favorite. N'a-t-il pas déjà renoncé à la cigarette ? Lui qui n'a jamais été un grand buveur peut bien s'autoriser une petite rincette à 53° qui, affirme-t-il, l'aide à s'endormir. Durant toute sa vie, l'insomnie a été l'indésirable compagne de Mao qui a pris l'habitude d'avaler des quantités déraisonnables de somnifères pour trouver le sommeil. Assommé par les médicaments, il n'est d'ailleurs pas rare qu'il s'endorme en sursaut au beau milieu du dîner. Il revient alors à l'entourage de glisser délicatement deux doigts dans la bouche ronflante du grand leader afin d'en extraire les restes de poisson à demi mâchés.

À mesure que progresse la maladie, la gorge et le pharynx sont gagnés par la paralysie. Manger est devenu une redoutable épreuve pour Mao qui ne peut plus absorber d'aliments solides. Il doit suivre un régime semi-liquide : un épais potage de bœuf ou de poulet. Pour faciliter la descente de la nourriture dans la gorge et l'œsophage, il s'allonge sur le côté gauche. Le père de la Chine communiste se retrouve peu à peu dans la situation du nourrisson incapable de s'alimenter lui-même. « Le soir du Nouvel An, je dus lui faire manger son dîner à la cuillère puisqu'il ne pouvait plus se servir de ses mains. Il lui était difficile d'ouvrir la bouche et d'avaler, racontera plus tard Zhang

Yufeng. Soudain, au loin, nous entendîmes des pétards. D'une voix faible et rauque, il me demanda d'en faire exploser quelques-uns pour lui [...]. Un vague sourire apparut sur son vieux visage las quand il entendit les pétards dans la cour. »

Le ventre d'un tyran moribond ne lui appartient plus vraiment. Il devient l'affaire de tous. Tout particulièrement dans une Chine où les factions rivales aiguisent leurs armes pour s'arracher les lauriers de l'empereur. La paralysie qui affecte le tube digestif de Mao l'empêche désormais d'absorber la quantité nécessaire de liquide et de substances nutritives. Les perfusions de glucose ne suffisent plus. Le malade maigrit à vue d'œil. Ses forces l'abandonnent. Sans une solution alternative, la fin est proche. L'équipe médicale suggère une alimentation par sonde nasale mais Mao, qui n'a jamais été un patient facile, s'y oppose obstinément. Que faire ? La suite relève d'une tragicomédie dans laquelle se débattent des acteurs saisis par la peur du vide. Personne n'a le pouvoir de contraindre par la force le leader suprême à s'alimenter. Mais nul ne veut être accusé de l'avoir laissé mourir sans avoir tout tenté pour le sauver. Les membres du Bureau politique ne savent plus à quel saint se vouer. Persuadé de détenir le remède miracle, l'un d'entre eux suggère d'administrer de la poudre au président. L'homme s'est procuré les plus belles perles de Shanghai et les a fait piler...

Lors d'une réunion secrète, il est finalement décidé que le personnel du « premier groupe » et les quatre membres du Politburo chargés de veiller à la santé de Mao testeront la sonde nasale sur eux-mêmes afin de convaincre le patient réfractaire d'en faire autant. Si tous les membres du « premier groupe » acceptent de se prêter au jeu, à l'exception de l'obstinée Zhang Yufeng, les hauts représentants du PCC se montrent nettement moins courageux.

Seul Hua Guofeng, appelé à succéder brièvement à Mao après sa mort, accepte de jouer aux cobayes. L'abnégation des uns et des autres ne sera d'aucun secours : Mao refuse toujours que l'on atteigne son estomac par un tel procédé. La lente agonie va se prolonger quelques mois encore. Le 9 septembre 1976, dix minutes après minuit, le Grand Timonier succombe à son troisième infarctus du myocarde.

Embaumé, momifié, déifié, Mao Zedong a jusqu'à présent échappé à la seconde mort qui a irrémédiablement détruit la réputation de Staline. Ses statues n'ont pas été déboulonnées, sa dépouille n'a pas été retirée du mausolée de la place Tian'anmen, aucun de ses successeurs n'a osé instruire le procès de ses crimes et de son culte de la personnalité. Le folklore entourant l'icône a largement débordé le terrain politique pour envahir les champs du tourisme, de la mode, des arts et de la cuisine. Le père de la Chine communiste a légué son célèbre patronyme à son plat fétiche du Hunan : « le porc rouge à la façon Mao ». Accompagnée de haricots verts séchés, la poitrine de porc mijote dans une sauce riche, rouge et diablement pimentée. Il faut avoir le cœur bien accroché et l'estomac endurci pour surmonter l'épreuve. Mais, après tout, la révolution maoïste n'a jamais été un dîner de gala.

Jean-Bedel Bokassa

Les repas gratuits n'existent pas

Aussi volumineux et lourds que des machines à laver, les téléviseurs déversent leur flot d'actualités sur les nappes cirées de la France giscardienne. Avec ses airs de chien battu, le présentateur Roger Gicquel berce de sa voix sombre un pays qui avale sa soupe au Viandox tous les soirs à 20 heures. Les héros du monde libre qui s'invitent dans les foyers de cette France des papiers peints à fleurs orange se nomment Gérald Ford, Harold Wilson, Helmut Schmidt et Valéry Giscard d'Estaing, notre président aux chuintements néoaristocratiques. Des figures plus inquiétantes défilent dans la lucarne. Avec son regard impénétrable surmonté de sourcils broussailleux, Leonid Brejnev porte sur son visage la menace d'une guerre nucléaire. La France s'est aussi familiarisée avec la silhouette altière et le sourire carnassier d'un jeune colonel venu du désert : Mouammar Kadhafi. Le patibulaire général Augusto Pinochet, l'air sinistre derrière ses lunettes de soleil, complète cette galerie de portraits effrayants.

Une dictature militaire ne fait jamais rire, sauf celle de Bokassa. Jusqu'à la fin de la décennie, les bouffonneries du « président à vie » de la République centrafricaine vont égayer les dîners d'une France postcoloniale qui suit l'épopée bokassiste comme on lit les aventures de *Tintin au Congo*. Même la date de prise du pouvoir laisse l'impression d'un manque de sérieux. Tout a commencé par un putsch contre le cousin de Bokassa, le président David Dacko, la nuit de la Saint-Sylvestre 1966. Le président de Gaulle cache mal son mépris pour le nouvel homme fort de l'ex-Oubangui-Chari, ancienne colonie française nichée « au cœur des ténèbres » de l'Afrique centrale, sans accès à la mer ni véritable intérêt stratégique. Devant son conseiller aux Affaires africaines et malgaches, le sulfureux Jacques Foccard, le vieux général use d'épithètes empruntées à son lexique des casernes, qualifiant au choix Bokassa de « soudard », de « cinglé » ou de « couillon ».

Jean-Bedel Bokassa se montre pourtant docile à l'égard de l'ancienne puissance coloniale. Il est l'anti-Lumumba par excellence. À l'inverse du dirigeant congolais, le président centrafricain ne cherche nullement à briser les chaînes qui empêchent son pays de voler de ses propres ailes. Ce militaire de carrière conserve sa double nationalité, considérant la France comme sa seconde patrie. Il vénère le drapeau tricolore qu'il a courageusement défendu dans les Forces françaises libres avant de s'enrôler dans la Coloniale pour combattre en Indochine puis en Algérie. De son long passage dans l'armée française, l'ex-capitaine gardera un goût immodéré pour l'uniforme, les médailles, mais aussi pour l'homme du 18 juin et le côtes-du-rhône.

C'est dire son bonheur intense, le 11 février 1969, lorsque Charles de Gaulle finit par le recevoir en son palais pour un déjeuner intime en compagnie de leurs épouses. Un peu plus tôt, le patriarche de la vieille France est venu accueillir le président de la jeune République centrafricaine dans la petite gare de Bry-sur-Marne. Sur les images d'archive, l'un apparaît las et fatigué dans son costume sombre, l'autre enthousiaste et extatique dans son uniforme surchargé de médailles scintillantes. Après les hymnes et les échanges d'amabilités protocolaires, le cortège officiel a filé au palais de l'Élysée sous un ciel gris et enneigé. La table dressée en l'honneur du président Bokassa est, comme il se doit, de bonne tenue mais sans grande originalité. Le menu se compose du sempiternel turbot à la française suivi d'une classique noix de veau provençale accompagnée de pommes fondantes puis d'une salade légère. Le dessert, une brioche parisienne, n'a pas contraint le chef pâtissier à forcer ni son talent ni son imagination. Les plats élyséens ont gentiment glissé le long des tubes digestifs accompagnés de vins de choix : Riesling Clos Ste Hune 1964, Château Léoville Barton 1959 et Dom Ruinart 1961.

Comme à l'accoutumée pour les déjeuners en petit comité, pas de fromage : le général de Gaulle ne supporte pas les repas à rallonge qu'il associe volontiers aux indulgences dînatoires de la IVe République et aux « petits partis qui cuisent leur petite soupe au petit coin de leur feu ». En militaire, en homme d'action, le premier président de la Ve République considère son temps trop précieux pour discutailler à table en prétendant refaire le monde la bouche encombrée de foie gras, de langouste et de grands crus. De Gaulle s'efforce d'expédier les agapes en une quarantaine de minutes, montre en main. Et, ce jour-là, il ne voit probablement aucune raison de jouer les prolongations avec ce drôle qui s'obstine à l'apostropher d'un bien peu protocolaire « papa de Gaulle ». « Ce que je suis, c'est à la France que je le dois, et le général de Gaulle, notre seul espoir après Dieu, est pour moi un père », a-t-il expliqué aux journalistes français.

Les deux hommes d'État aux caractères diamétralement opposés ont au moins ce trait en commun : ni l'un ni l'autre ne semble attacher une grande attention aux plaisirs de la table. Leur carrière de militaire les a habitués aux rations sommaires servies sur les champs de bataille et à la mangeaille insipide des mess d'officiers.

En dehors des réceptions officielles, les plaisirs de table de Bokassa n'ont rien d'extravagant : il s'en tient le plus souvent à de la viande grillée accompagnée de feuilles de manioc, l'ordinaire des familles de son pays. Le dictateur centrafricain n'a jamais été un goinfre. La gourmandise ne figure pas au rang des péchés capitaux qu'il commet avec le plus d'assiduité. La luxure l'éloignerait bien davantage de l'image de saint qu'il voudra se donner à la fin de sa vie en s'autoproclamant « treizième apôtre et serviteur » du Christ. L'homme aux dix-sept épouses connues et aux cinquante-six enfants revendiqués a toujours fait preuve d'un appétit plus sexuel qu'alimentaire.

La bonne chère ne concurrence les plaisirs de la chair qu'à une seule exception près : le whisky, auquel il restera religieusement attaché tout au long de sa vie. Cette vénération du Chivas Regal le conduira à abjurer en janvier 1977 la religion musulmane qu'il avait épousée, sous le nom de Salah-Eddine-Ahmed, en échange des subsides versés par le très croyant Mouammar Kadhafi. Après cet aller-retour météorique en Islamie, Jean-Bedel Bokassa renouera avec la foi chrétienne qui ne réprouve pas la consommation d'alcool, même quand elle s'accompagne de terribles éclats de rage et de coups de chicotte distribués à la volée.

De son côté, Charles de Gaulle se satisfait aisément d'une soupe, d'un sandwich au jambon (fumé si possible), voire de petits pois ou de sardines en conserve. Les cuisiniers du palais ne connaissent au locataire du 55, rue du Faubourg-Saint-Honoré qu'un seul véritable péché mignon : la bouillabaisse. Le premier des Français est d'ailleurs l'un des rares citoyens de la République à ne pas avoir l'assurance de manger chaud tous les soirs.

La cuisine se trouve dans les sous-sols de l'aile ouest du palais, tandis que les appartements privés du couple présidentiel se situent à l'opposé dans la partie est. Il faut deux bonnes minutes au maître d'hôtel pour arriver au pas de course à la table des de Gaulle. Quand Tante Yvonne et son mari se saisissent de leurs couverts, le potage a eu le temps de tiédir plus que de raison et les soufflés de se ratatiner mollement sous la cloche argentée. Mais le héros de la nation ne s'en plaint pas, comme si le sujet lui apparaissait d'une trop grande trivialité pour qu'il s'abaisse au moindre commentaire.

En revanche, pour éblouir les dignitaires étrangers et flatter leurs augustes estomacs, le général sait qu'il faut parfois mettre les petits plats dans les grands. Il ne barguigne pas avec le prestige de la France. Lors des réceptions officielles, les fourneaux élyséens produisent une gastronomie en majesté tout droit sortie du *Guide culinaire* d'Auguste Escoffier. C'est cette cuisine classique, monumentale, un brin chichiteuse et conservatrice, qui sera servie au dîner de gala offert le soir à « Son Excellence le général Jean-Bedel Bokassa, président de la République centrafricaine, et à Madame Bokassa ». Les amabilités dînatoires se composent d'un velouté Germiny, de suprêmes de soles St-Germain suivis d'un filet de charolais Messidor. Tolérés par le général pour les grands dîners, les fromages figurent au menu. Un parfait moka vient conclure les agapes. Les palais des présidents et de leurs convives se trouvent rafraîchis par une succession de grands crus : Meursault-Perrières 1966, Nuits-Les Vaucrains 1961, Pol Roger 1961…

La première maison de France ne propose jamais de repas au rabais. Quand un chef d'État est l'invité d'honneur du président français, fût-il le dictateur fantasque d'un petit pays enclavé de deux millions d'âmes, la brigade et le protocole de l'Élysée sortent le grand jeu. Les plats que dégustent le président étranger, son épouse et sa délégation ont cuit, mijoté, rissolé dans les marmites, les sauteuses et les braisières en cuivre ayant servi aux marmitons de Louis-Philippe. Sur les nappes en organdi brodé au fil d'or, l'argenterie Puiforcat et les flûtes en cristal signées Baccarat révèlent subtilement ce « génie français » que le monde entier est censé nous jalouser. La cuisine élyséenne est servie selon un protocole plus monarchique que républicain. Dans un tel décorum où l'apparition du Roi-Soleil accompagné d'un fugato composé par Lully ne surprendrait guère, le visiteur étranger peut s'amuser de cette pompe d'un autre temps ou, tout au contraire, se laisser étourdir par la magie du cérémonial.

Jean-Bedel Bokassa n'est pas homme à être embarrassé par les lourdeurs protocolaires et les décors surchargés. On l'imagine subjugué par les imposants lustres en cristal qui font rutiler la rivière de breloques coulant sur son uniforme de général autopromu. Assis à la droite de ce « père » qu'il vénère presque autant que Napoléon Ier, prête-t-il seulement attention aux mets présentés sur les plateaux en argent massif ? Si le ventre du dictateur africain s'est peut-être mis en demi-sommeil sous l'effet de l'émotion, pas une miette du faste élyséen n'échappe à ses yeux fascinés. Le festin en plein air qui conclura la journée de son sacre sera probablement inspiré par cette même volonté d'imposer l'image de la grandeur.

Jean-Bedel Bokassa n'a jamais eu le mimétisme discret. Quelques années plus tard, sa visite du château de Versailles l'impressionne tant qu'il se met dans l'idée d'acheter le mobilier de la salle à manger du Grand Trianon pour l'installer dans l'un de ses châteaux français. Le chef de l'État centrafricain regarde d'autant moins à la dépense que le trésor public de son pays se confond avec sa cassette personnelle, tandis que l'aide française au développement lui permet de financer ses lubies. Mais, ce jour-là, Bokassa a beau insister, la France ne cède pas : les chaises et les fauteuils où se sont posés les postérieurs de Louis XIV, Louis XV et Louis XVI ne sont pas à vendre. À contrecœur le maréchal-président doit se rabattre sur des antiquaires parisiens qui, à l'inverse du Mobilier national, ne se feront pas tirer l'oreille pour satisfaire sa folle envie de dîner dans un décor royal.

Qu'importe l'ivresse pourvu qu'on ait le flacon… Bokassa a inversé la proposition. À la table de son palais, il se soucie du clinquant de l'argenterie plus que de la qualité des plats. À l'inverse d'un Senghor ou d'un Houphouët-Boigny qui régalent leurs invités d'une cuisine subtile et raffinée, le « soudard » n'a pas su s'entourer de chefs cuisiniers de valeur. Que les plats servis en son palais soient français ou africains, ils restent invariablement… mauvais. À l'instar d'un nouveau riche désireux d'en mettre plein la vue, le président à vie ne lésine pas sur la dorure. Mais la première table de Centrafrique a beau ployer sous des surtouts en argent massif, de lourds chandeliers en or et de la porcelaine fine, la salle à manger présidentielle laisse surtout aux invités une impression de laisser-aller et de maison mal tenue.

Un tel relâchement n'a pas pu échapper au regard impitoyable du maniaque Valéry Giscard d'Estaing. Hélas, dans ses Mémoires en trois volumes, *Le Pouvoir et la vie*, son élégante plume d'académicien ne s'attarde guère sur les repas centrafricains partagés avec Jean-Bedel Bokassa, son « cher parent », tel qu'il le nommera constamment avant leur brouille définitive. On peut imaginer cependant que le service approximatif dans les résidences du dictateur a chiffonné ce président français à particule qui, tout en s'efforçant de passer pour un homme simple et moderne, s'attend à être traité royalement.

En sept ans de pouvoir, VGE en fera voir de toutes les couleurs à la brigade de l'Élysée. Un jour, c'est la texture des profiteroles qui froisse ses papilles de gourmet. Un autre, c'est une tarte aux pommes jugée « indigne » qui les met en émoi, faisant craindre au chef pâtissier un licenciement pour faute grave – en l'occurrence le fond de tarte serait trop fin au goût présidentiel. Giscard cultive un sens aigu de l'observation couplé à une mémoire éléphantesque. Son cerveau d'énarque polytechnicien remarque tout et n'oublie rien. Que son chef de cuisine ne s'avise pas de proposer un menu où figure un plat déjà dégusté par un invité quelques années plus tôt. Le menu reviendra aussitôt biffé et annoté de la main présidentielle : « Déjà servi à ce convive ! »

Dans le long chapitre qu'il consacre à l'Afrique, Valéry Giscard d'Estaing raconte sa première rencontre avec Jean-Bedel Bokassa dans un style très… giscardien, à la fois brillant et emphatique. Le général de Gaulle vient de mourir. Une messe en mémoire du grand homme a été dite en la cathédrale Notre-Dame de Paris. Comme on le fait pour les obsèques d'un proche, le président Pompidou a invité au « Château » les dignitaires étrangers présents à l'office pour une collation. Par décence, les tables ne croulent pas sous les victuailles ni les bouteilles de spiritueux. La réception doit rester sobre tout en permettant aux invités de s'échapper peu à peu de l'ambiance mortuaire jusque-là imposée par les convenances. Dans les odeurs de café et de pâtisseries, dans les bulles d'eau gazeuse et de champagne, la mémoire du cher disparu se laisse imperceptiblement recouvrir par le brouhaha des conversations. Le mort s'éclipse pour laisser les vivants revenir à de mondaines préoccupations.

Le moment paraît propice pour approcher Jean-Bedel Bokassa, lui-même lassé de son propre numéro lacrymal. Après avoir théâtralement pleuré « papa de Gaulle », le président centrafricain semble ouvert à d'autres sujets de conversation. Le ministre des Affaires étrangères a justement demandé à son collègue de l'Économie et des Finances, Valéry Giscard d'Estaing, de sonder discrètement les intentions de l'imprévisible Bokassa. Le Quai d'Orsay le croit tenté par un rapprochement avec l'URSS. L'ambiance informelle d'une réception élyséenne semble tout indiquée pour cette diplomatie de la tasse de thé et du petit gâteau. Ce sera le premier face-à-face entre deux hommes appelés à s'unir pour le meilleur et surtout pour le pire.

En quelques lignes aux accents étrangement naturalistes, Giscard brosse dans ses Mémoires un portrait plutôt inspiré de l'homme fort de Bangui :

> « Un homme de taille moyenne, trapu, et sans doute extrêmement vigoureux. Un grain de peau serré qui donne à son visage, très noir, et sillonné de rides épaisses, un aspect de cuir souple. Ruisselant de santé, des cheveux plantés drus, et des dents éclatantes, nettes et tranchantes. Des yeux très vifs, dont le regard précis vous guette, comme à l'affût, puis s'anime pour imposer son impression du moment : la tristesse, la bienveillance, le rire truculent. Son visage est rond, plein, entouré d'un collier de barbe continu, mais clairsemé, mêlé de poils gris : un masque africain. »

Six semaines après cette première rencontre, Valéry Giscard d'Estaing se rend à titre privé en Centrafrique pour s'adonner à sa passion incandescente : la chasse. Il va rapidement devenir l'invité de marque d'un hôte à la générosité oppressante. En plein safari, Bokassa propose de mettre à la disposition de son ami français un avion pour le rejoindre à Kinshasa et prendre part à un déjeuner avec Mobutu Sese Seko au bord du fleuve Congo. Le ministre en vacances n'a aucune raison objective de partager les côtelettes grillées et les petits pois du dictateur centrafricain ni de son homologue de la kleptocratie voisine, néanmoins il accepte cette sollicitation à grands frais pour un simple repas de midi : « J'ai participé à leur discussion, avec un sentiment d'étrangeté, admet-il dans ses Mémoires, car je n'étais pas chef d'État, et n'avais pas de compétence particulière sur les sujets régionaux dont ils débattaient. »

VGE relève que Bokassa l'a étreint à son arrivée avant de le présenter comme son « frère » au président zaïrois. Le rusé dictateur centrafricain a bien compris tout l'intérêt qu'il y avait à faire venir, par les airs, l'étoile montante de la politique française. Sa présence à table s'apparente à l'un de ces magnifiques trophées de chasse que l'on exhibe devant les invités. Sous le toit du maître de la grande puissance régionale voisine, le président de la petite Centrafrique (un nain politique, économique et stratégique) fait discrètement passer le message qu'il a l'oreille de Paris. Cette habile instrumentalisation de la table par Bokassa semble échapper à la mécanique intellectuelle giscardienne. À moins que l'outrecuidant Giscard laisse faire, persuadé que son instrumentalisation par le dirigeant fantasque d'un pays aussi obscur que la Centrafrique ne porte pas à conséquence. La suite lui prouvera son erreur d'appréciation.

« *There is no such thing as a free lunch* », met en garde un vieil adage britannique qu'ignore visiblement le ministre des Finances d'alors, prompt à accepter les prodigalités du maître du pays. « En avril 1973, Bokassa, devenu dans l'intervalle président à vie, m'a reçu à nouveau à la fin de mon séjour, écrit-il. Il a donné un dîner en mon honneur à l'hôtel Safari, où nous siégions en haut d'une estrade, pendant que se produisaient au-dessous de nous les danseurs d'un ballet africain. » Ce dîner dans l'un des rares palaces de « Bangui la coquette » invite à la moquerie facile. On imagine Giscard, perché sur l'estrade, dominant la scène de son crâne d'œuf de grand argentier et écoutant d'une oreille distraite les élucubrations du président à vie de la Centrafrique tandis que des danseuses pygmées se déhanchent au rythme d'une musique de brousse. C'est au lendemain de ce repas à l'exotisme décalé que Valéry Giscard d'Estaing se verra offrir une plaquette de diamants amenée à faire parler d'elle six ans plus tard. En politique, les repas gratuits n'existent pas. En Afrique moins qu'ailleurs.

En 1974, Jean-Bedel Bokassa voit forcément d'un très bon œil l'arrivée au pouvoir de son « ami » Valéry. Depuis leurs premiers repas, l'homme fort de Bangui a continué son petit bonhomme de chemin sur la voie de la dictature sans s'embarrasser des enquiquinantes formalités démocratiques d'usage. L'autopromotion étant le plus sûr moyen de monter en grade, le colonel Bokassa s'est élevé au rang de général. Il est devenu président à vie puis maréchal-président. Ses uniformes semblent désormais trop étriqués pour l'avalanche de médailles qui inonde sa tunique militaire. À Paris, la mégalomanie de l'ancien capitaine de l'armée française suscite des rires condescendants plutôt qu'une réelle inquiétude. L'homme n'est pas encore devenu « l'ogre de Berengo » qui fera tirer sur des écoliers… Certes, Bokassa a cette mauvaise habitude de faire couper aux ciseaux les oreilles des voleurs mais, argumente-t-il, la France ne raccourcit-elle pas plus radicalement ses criminels ?

Le président de la RCA demeure jusque-là suffisamment fréquentable aux yeux du Quai d'Orsay pour que Giscard lui réserve sa première visite d'État sur le continent noir.

Comme il se doit, l'amitié franco-centrafricaine est célébrée à grand renfort de repas officiels. En de telles occasions, les toasts qu'échangent les présidents atteignent des sommets himalayens de platitudes. De ce point de vue, le voyage de Valéry Giscard d'Estaing en Centrafrique n'échappe pas à la norme protocolaire. Aucune de ses allocutions ne mériterait qu'on s'y attarde plus d'une seconde si ce n'était pour souligner l'absence de distance du président français. Dans la bouche de Giscard, le « soudard » du général de Gaulle devient « Monsieur le président à vie de la République centrafricaine, mon très cher parent et ami ». Par ces mots, le premier des Français accepte l'étonnant concept d'une « présidence à vie », qui fleure bon la soldatesque et le déni démocratique. Pire encore, il affiche un lien de parenté imaginaire avec l'ancien putschiste devenu tortionnaire en chef de son propre peuple.

Faut-il ne jamais trinquer avec des personnages peu recommandables ? Certes non. Si les présidents démocratiquement élus ne s'attablaient qu'avec leurs alliés, les réceptions tiendraient plus des repas entre amis que de la commensalité diplomatique. La fonction contraint à profiter de ces instants de table pour tenter d'attendrir et d'influencer les autocrates. Cependant, les intérêts supérieurs de la France obligeaient-ils Giscard à élargir son cercle familial en portant des toasts à son « cher parent » ? Fallait-il légitimer la dictature bokassiste en chuintant, le verre à la main, les titres pompeux et ineptes que le « maréchal-président » s'était octroyés ?

La flambée de titres honorifiques qui boursouflent l'ego du Néron de la forêt équatoriale n'a pas encore atteint les sommets de la pitrerie. C'est chose faite le 4 décembre 1977, jour de « l'autosacre » de Sa Majesté Impériale Bokassa Ier. S'il fallait choisir une scène résumant la plaie de la mauvaise gouvernance en Afrique, ce couronnement bouffon calqué sur le sacre de Napoléon Ier figurerait en tête de liste. Le coût total des festivités sera plus tard estimé à 7 milliards de francs CFA, soit 140 millions de francs français. En une journée de fastes, environ un quart du budget annuel de ce nouvel « empire » peuplé de… deux millions d'habitants sera dilapidé. Pour assouvir les lubies du maréchal Ubu, la population et les entreprises implantées en RCA ont été rackettées à coups de taxes et d'impôts exceptionnels.

Une nuée de caméras et de photographes du monde entier immortalisent l'événement sans s'interroger sur l'image désastreuse que renvoie du continent noir ce sacre guignolesque. Les deux grandes chaînes françaises se sont battues pour obtenir les droits télévisés. Dans les foyers de la France giscardienne, les téléspectateurs découvrent le couronnement impérial avec un sourire ambigu sur les lèvres. Ces clinquantes célébrations viennent conforter de tenaces préjugés sur une Afrique postcoloniale incapable de se débrouiller seule. Les Français sont cependant loin de se rendre compte qu'ils sont eux-mêmes les dindons de cette farce en partie financée par leurs impôts. À certains égards, l'affligeant spectacle peut être considéré comme une coréalisation et une coproduction hexagonale.

Le décor surchargé de ce vaudeville de brousse a fait prospérer les petites affaires des joailliers et artisans parisiens, trop heureux de fourguer à prix d'or leurs habits d'apparat, broderies, argenterie, meubles, accessoires, bijoux, trône, carrosses et décorations de table. L'art de recevoir à la française trouve toute sa place dans cette débauche de luxe. L'entreprise d'orfèvrerie Christofle a fait acheminer pas moins de dix mille pièces : les assiettes en Limoges, les verres en baccarat, les couverts gravés…

La grande réception du soir se déroule en plein air dans la cour du palais de la Renaissance, siège du gouvernement centrafricain. Le matin même, tel un jeune marié inspectant les derniers préparatifs, Jean-Bedel Bokassa est venu contrôler la mise en place des longues tables de guinguette prévues pour deux mille cinq cents invités. Sans surprise, le banquet met à l'honneur la gastronomie hexagonale. Des spécialités locales se sont timidement glissées dans le menu (l'antilope sauce grand veneur et le suprême de capitaine à l'oseille, un gros et délicieux poisson du pays) mais la dominante reste indiscutablement française, version escoffienne. Les assiettes sont garnies de chaussons aux écrevisses, de foie gras… Les plats sont accompagnés des meilleurs crus d'Alsace, de Bourgogne et de Bordeaux (Château Lafite Rothschild, Château Mouton Rothschild) tandis que les convives trinquent avec du Moët-et-Chandon à la gloire éternelle de Bokassa Ier. Au total, 60 000 bouteilles de vin et de champagne ont fait le voyage de France, tandis que des caisses de whisky sont parties d'Écosse quelques semaines plus tôt.

L'ombre de la France et de sa gloire passée n'est jamais très loin. Le festin est entrecoupé de sorbets, comme on le faisait au Grand Siècle pour faciliter la digestion. Tout comme à la cour du Roi-Soleil, les plats défilent devant le trône ridiculement large de l'empereur, surmonté d'un aigle en or massif. Posée sur la table d'honneur, une gerbe de fleurs aux dimensions excessives masque la vue du couple impérial. L'impératrice Catherine semble vouloir s'y réfugier pour dissimuler sa gêne de se trouver embringuée dans une telle pantalonnade. Pour la énième fois de la journée, Jean-Bedel Bokassa a changé d'habit d'apparat. Il porte à présent un uniforme de Premier consul, son front est ceint d'un diadème d'or. Le « cinglé » moqué par le général de Gaulle ne s'est jamais autant pris pour Napoléon.

L'animation musicale est assurée par l'artiste camerounais Manu Dibango, des chorales et des orchestres locaux. Des artistes pygmées chantent pour le bon plaisir de l'empereur et de ses convives. Le banquet se termine par l'arrivée d'une monumentale pièce montée de 2,5 mètres de hauteur d'où surgissent de blanches colombes. Anesthésiées par la chaleur, elles s'envolent mollement dans la touffeur de la nuit. Le signal est donné. Un feu d'artifice éclate dans le ciel de Bangui. Les sujets de Sa Majesté ne doivent-ils pas, eux aussi, profiter des réjouissances ?

Calé sur son trône, le maître du pays tire sur son gros cigare. Les pensées doivent se bousculer sous son diadème napoléonien. Certes, la fête fut belle et le dîner somptueux, mais quand il laisse vagabonder son regard impérial sur les tablées, certaines absences ne peuvent que le chagriner. Son cher cousin Valéry s'est excusé, dépêchant son ministre de la Coopération, Robert Galley. Bien des années plus tard, les flonflons de la fête retombés, l'hypocrite ministre dira avoir failli mourir de honte dans son costume en queue-de-pie. Pour l'heure, il réussit fort bien à masquer son embarras et devise gaîment dans sa tenue de pingouin avec sa voisine de table, la première dame de Mauritanie.

Ses homologues africains – tous des envieux ! – ont trouvé mille et un prétextes pour ne pas venir à Bangui. Tout à coup, les rois fainéants de l'Afrique étaient absolument débordés. Mobutu Sese Seko, pourtant une fine gueule celui-là, préférerait bouffer sa toque en peau de léopard plutôt que de tremper ses lèvres dans le champagne impérial. Pensez donc, la petite République centrafricaine faisant de l'ombre au grand Zaïre voisin ! Et que dire du lutin tapageur de l'Afrique ? Omar Bongo enrage de s'être fait coiffer au poteau, lui qui rêvait d'élever au rang d'empire son Gabon lilliputien. Quant au « vieux », le prétendu « sage » de l'Afrique, il n'a pas daigné honorer la RCA de sa présence. Mais qu'attendre de Houphouët-Boigny et de son peuple prétentieux ? La Côte d'Ivoire a toujours souffert d'un insupportable complexe de supériorité sur les autres États africains francophones.

Que le diable les emporte tous ! Il se passera fort bien de leur regard chafouin, guettant les faux pas protocolaires et les ratés du banquet. Au moins n'a-t-il pas eu à subir leur sourire de jubilation à la vue des soucis d'intendance qui ont émaillé la réception du soir. La nourriture a fini par manquer. Cinq cents des invités de marque seulement ont pu déguster la totalité du repas, les deux mille autres ont dû se passer d'une partie. L'intendance impériale avait-elle vu trop juste ? Des victuailles ont-elles été détournées ? Les habituels pique-assiette étaient-ils plus nombreux qu'à l'accoutumée ? Et d'où est venue l'idée saugrenue de camoufler la pénurie en ornant les assiettes de caoutchoucs rosâtres en lieu et place des langoustines ? Il faudra bien que quelqu'un lui rende des comptes…

Personne, en revanche, ne peut être tenu pour responsable de la chaleur torride qui, en ce début de saison sèche, s'est abattue sur Bangui. Tout comme les étalons que l'on a fait venir de Normandie pour tirer le carrosse, la pièce montée n'a pas supporté les températures tropicales flirtant avec les 40 degrés. L'édifice crémeux dégoulinait lamentablement sur sa base avant même d'être entamé. Mais ces incidents n'ont pas suffi à gâcher une fête dont, c'est certain, l'Afrique parlera encore pendant des décennies. L'empereur se lève de table l'esprit et le ventre relativement légers. Il a peu mangé. Les émotions fortes de la journée et les honneurs qu'il a fait pleuvoir sur sa propre tête l'ont rassasié.

Toute table raconte une histoire. Une histoire à plusieurs tiroirs. Il serait aisé de s'arrêter à la surface sans chercher à soulever la nappe. Le dîner du sacre reflète incontestablement les délires mégalomaniaques d'un homme emmuré dans la folie des grandeurs. Trait caractéristique de la psychologie du tyran, le despote n'éprouve aucune empathie pour son pays essoré par les dépenses somptuaires nécessaires à l'assouvissement de ses désirs. Les plaisirs de la table semblent même décuplés par les gargouillis qui montent des ventres creux du petit peuple. En s'autorisant ces indécentes réjouissances sur fond d'extrême pauvreté, l'autocrate laisse libre cours à sa perversité narcissique et teste la force de son régime absolutiste.

Mais les signes extérieurs de cette inconvenante richesse masquent une histoire plus subtile, enfouie dans les plissures psychologiques d'un homme obsédé par la revanche sociale et traversé de sentiments contradictoires. Toute sa vie, Jean-Bedel Bokassa aura cherché à se faire reconnaître par les Français comme l'un des leurs tout en vitupérant contre leur racisme sans fard, responsable de la mort de ses parents. La patrie autoproclamée des droits de l'homme a fait de lui un orphelin à l'âge de 6 ans. S'opposant aux méthodes brutales des colons français qui réduisaient la main-d'œuvre locale en esclavage, son père a été exécuté sur la place du village, manière de lui apprendre à se rebeller. Sept jours plus tard, dévastée par le chagrin, l'épouse de ce dernier a mis fin à ses jours. Cette tragédie personnelle a marqué le jeune Jean-Bedel au fer rouge sans toutefois l'empêcher de servir l'armée française. Après un quart de siècle sous les drapeaux, il en est ressorti avec un grade de capitaine qu'il a jugé bien modeste au regard de ses états de service. Sa couleur de peau n'a certainement pas été étrangère à sa très lente évolution de carrière.

En ce jour de gloire impériale, Bokassa règle des comptes avec son passé. Consciemment ou non, il soigne ses blessures d'amour-propre. Ce grand dîner d'apparat trahit le désir refoulé de reconnaissance d'un dictateur africain naïvement persuadé que la magie d'un sacre le placera sur un pied d'égalité avec les plus hauts représentants de la France. Le mimétisme du nostalgique admirateur de Napoléon se traduit par une forme d'acculturation alimentaire. L'ancien officier de la « Colo » impose à la table officielle de son pays une cuisine de représentation qui reprend sans grande subtilité les codes, les plats, les décorations, les couverts et les assiettes de la « culture dominante ». La nationalité française à laquelle Bokassa n'a pas renoncé le remplit d'un orgueil qui passe pour insupportable aux yeux de nombre d'Africains. Ils voient en lui une marionnette « françafricaine » qui finira par être jetée au feu une fois devenue trop encombrante. Dans la passionnante biographie qu'il lui a consacrée, le journaliste écrivain Stephen Smith salue Bokassa Ier, non sans malice, comme « un empereur français ». De fait, c'est le message subliminal que celui-ci a voulu faire passer à table : je mange comme eux, je bois comme eux, je suis comme eux…

En France, il a pris l'habitude de fréquenter les meilleures adresses de la capitale. Chez Maxim's, qui jouit alors d'une excellente réputation, Bokassa organise des déjeuners discrets à l'étage. Il aime tout particulièrement les représentants de la vieille noblesse française et européenne. Lui, l'orphelin de l'Oubangui-Chari, le putschiste de la Saint-Sylvestre, cherche à gagner ses galons de respectabilité dans les salons parisiens, singeant à table les bonnes manières du grand monde. Les repas mondains avec des têtes couronnées ont-ils fait tourner la sienne au point d'y faire naître l'idée de son sacre impérial ? Bokassa Ier va rapidement se rendre compte que poser sur son crâne une couronne en or pur sertie de 7 000 carats de diamant ne suffit pas.

En 1978, la comédie touche à sa fin, mais la rupture avec son noble « cousin » Valéry Giscard d'Estaing n'est pas encore consommée. Le président français a suivi d'un œil distrait et indulgent le sacre centrafricain : « Les images retransmises de Bangui étaient belles, juge-t-il dans ses Mémoires. Elles avaient même une certaine dignité. En dépit du caractère carnavalesque des costumes et du carrosse du couronnement, quelque chose perçait de l'instinct rituel de l'Afrique. »

Sept mois plus tard, Bokassa Ier effectue une visite officielle à Paris sans pouvoir exhiber sur la place publique ses nouveaux attributs impériaux. Le président de la République n'a pas souhaité de telles « extravagances protocolaires ». La couronne, le sceptre et la traîne impériale, aussi longue qu'un tapis rouge, n'ont pas quitté le nouvel empire de Centrafrique. Le banquet élyséen en l'honneur de « Sa Majesté Impériale Bokassa Ier » ne trahit pas un furieux désir d'épater le visiteur. Asperges d'Argenteuil sauce hollandaise, loup farci braisé aux fruits de mer, riz pilaf, fromages, tarte à la fraise… Le menu, supervisé comme il se doit par le très tatillon Giscard d'Estaing, trahit-il le début d'une prise de distance ? Le repas ne se hisse pas à la hauteur de la grandeur impériale de l'invité. Qu'importe. À sa sortie, Jean-Bedel Bokassa remercie « du fond du cœur son très cher parent ».

1979 sera l'année du lâchage. VGE a décidé de faire disparaître Jean-Bedel, désormais trop encombrant, de la photo de famille. Il avait jusque-là tout pardonné au

« cousin » africain, mais la répression sanglante d'une manifestation de lycéens opposés au port obligatoire de l'uniforme est la goutte d'eau qui fait déborder le vase. La bouffonnerie a basculé dans la tragédie. L'indulgence n'est plus de mise. Le renversement du régime sera une simple formalité rapidement exécutée sous la menace de l'armée française et de « l'opération Barracuda ».

L'empereur fantasque de « Bangui la coquette » se métamorphose dès lors en « ogre de Berengo ». Le 25 septembre 1979, la vilaine rumeur devient parole d'évangile quand tombe sur les téléscripteurs une dépêche de la sacro-sainte AFP. « Bokassa Ier est-il anthropophage ? interroge l'envoyé spécial de l'agence. C'est la question que l'on se pose après la découverte de quatre cadavres mutilés entreposés dans des réfrigérateurs des résidences de l'empereur déchu. Ces cadavres, dont l'un a été enterré à la hâte et qui, pour les autres, ont pris le chemin de la morgue, ont été retrouvés dans la villa Kolongo située à la sortie de Bangui, sur la route de Berengo. Les Centrafricains interrogés à ce sujet sont unanimes : ces cadavres, amputés des jambes et des bras, entrailles ouvertes, étaient destinés à la consommation personnelle de l'ex-dictateur. Plusieurs témoignages font ainsi état de personnes disparues qui auraient été mangées par l'ex-empereur à Berengo. Les faits, selon ces témoignages, étaient connus de tous. »

Le poids des mots, le choc des photos… Fidèle à sa devise, *Paris-Match* emboîte le pas et publie une photo de la morgue de Bangui où apparaissent deux corps dans des caissons réfrigérés. « On les a trouvés dans les chambres froides du palais », affirme la légende. L'article précise que, selon les médecins, les deux hommes ont été enfermés vivants dans le réfrigérateur. « Bokassa anthropophage ?

Cette photo amène le monde entier à se poser la question », conclut l'hebdomadaire sans clairement préciser que les clichés chocs ont été pris à la morgue et non pas dans la chambre froide du palais impérial.

Le 16 octobre 1979, *Libération* fait sa une sur « Bokassa, un Gilles de Rais africain » en se fondant sur les révélations du sulfureux Jacques Duchemin. Ce Français, éphémère ministre de la Communication de l'empereur, s'amuse à tester les limites de la crédulité des gazettes françaises en faisant des déclarations pour le moins loufoques : « Bokassa n'était pas un anthropophage habituel, affirme Duchemin. Il est exact qu'il gardait de la chair humaine dans ses frigos, par politesse, par hospitalité pour certains de ses collègues chefs d'État africains qui continuent à manger de la chair humaine [...]. Bokassa était l'un des moins cannibales parmi les chefs d'État africains. Mais naturellement, quand on a un train de maison comme le sien, on pense à ses invités. Comme ces personnes qui n'aiment pas l'alcool mais qui ont pourtant du whisky, du gin ou du Martini dans leur bar. » La scène de l'hospitalier Bokassa gardant de la chair humaine pour en proposer à ses homologues africains, en cas de petits creux, n'éveillera pas les soupçons de *Libération*. L'interview sera publiée telle quelle, sans un recoupement attentif de « l'information ».

À l'époque, comme dans *Le Crime de l'Orient-Express*, toutes les parties prenantes ont un intérêt évident à poignarder le coupable à coups d'allégations infamantes. Du point de vue médiatique, un dictateur cannibale rend l'affaire centrafricaine bien plus captivante que le énième renversement d'un despote. Pour le gouvernement français, ces révélations tombent à point nommé. Ces détails macabres détournent utilement l'opinion publique de dérangeantes questions sur l'ingérence de la France dans les affaires de la RCA. Le nouveau régime installé à Bangui avec le soutien de l'armée française a évidemment tout intérêt à ce que l'empereur déchu passe pour un monstre absolu. Une tentative napoléonienne de retour d'exil du charismatique Bokassa n'est pas à exclure. Le scénario fait frémir de peur le très couard président David Dacko réinstallé au pouvoir.

Bokassa n'est pas le seul à être la cible de telles accusations. « L'ogre de Kampala » traîne lui aussi une solide réputation de cannibale. Six mois plus tôt, Idi Amin Dada a été chassé du pouvoir. Durant son terrible règne, le dictateur ougandais a d'ailleurs souvent été présenté comme le pendant anglophone de Jean-Bedel Bokassa. Cet ancien soldat de l'armée britannique à la carrure de boxeur a conduit les destinées de son pays avec une prédilection encore plus poussée pour la bouffonnerie et le non-sens. Le « président à vie » de l'Ouganda, « plus grand chef d'État du monde » et « dernier roi d'Écosse », possède le même talent pour faire rire… à ses dépens. En revanche, sa cruauté ferait passer Bokassa pour un humaniste. Un rapport d'Amnesty International estimera à trois cent mille le nombre des victimes de son régime. Seuls les crocodiles du Nil et du lac Victoria, gavés de cadavres, n'auront pas eu à se plaindre de sa dictature sanguinaire.

On lui prête donc cette fâcheuse manie de transformer ses ministres et ses opposants en gigots, pour sa consommation personnelle. « Dis-moi qui tu manges et je te dirai qui tu hais », telle serait la devise du chef d'État psychopathe. Les têtes coupées de ses ennemis trôneraient dans ses réfrigérateurs. On lui attribue ce verdict de gastronome cannibale : « La viande humaine est plus salée que la viande de chèvre. » Nul ne sait si cette déclaration doit être prise au pied de la lettre ou s'ajouter aux mille et une citations provocatrices du président de « l'Absurdistan ».

Le sujet du cannibalisme met visiblement d'humeur joviale le duo infernal de l'Afrique centrale. Taquin, Jean-Bedel Bokassa avait glissé à l'oreille du ministre français de la Coopération, lors de son dîner impérial : « Vous ne vous en êtes pas rendu compte mais vous venez de manger de la chair humaine. » Par jeu, par provocation, les deux dictateurs prennent un malin plaisir à réveiller les vieux clichés de l'époque coloniale qui continuent de titiller leurs anciens empires. L'humour version « Y'a bon Banania » n'a pas encore déserté la France de la fin des années 1970. Le chef de l'État ougandais peut encore faire la une de *Charlie-Hebdo* un tibia enfoncé dans d'énormes narines. « Chirac offre son fémur à Amin Dada », s'esclaffe le journal satirique après le grave accident de voiture dont a été victime le président du RPR. Dans son sketch « L'Africain », Michel Leeb incarne un fils Bokassa simiesque, demeuré, concupiscent et anthropophage : « L'autre jour dans l'avion : j'avais une petite faim, alors j'ai demandé la liste des passagers. » En face d'« une blonde pulpeuse » : « On la bouffe tout de suite ? » Second degré ? Humour politiquement incorrect ? Reprise de préjugés racistes pour mieux les dénoncer ? C'est la ligne de défense classique pour justifier cet humour éculé dont les ressorts paraissent bel et bien enracinés dans une vision de l'homme noir renvoyé à une sauvagerie l'empêchant d'« entrer pleinement dans l'Histoire ».

Dans l'affaire du cannibalisme de Bokassa, une partie de la presse de l'époque s'est commodément abritée derrière des points d'interrogation et des conditionnels de circonstance pour relayer des informations non recoupées. Le sérieux journalistique qu'exigeraient normalement des accusations aussi infamantes a été mis entre parenthèses.

À son retour d'exil en 1986, Jean-Bedel Bokassa est aussitôt traduit en justice. Durant son procès, l'ancien président fait face à un cuisinier du nom de Philippe Linguissa qui, à la barre, livre un témoignage glaçant sur les mœurs alimentaires de l'accusé :

> « Il m'a demandé d'aller ouvrir un des réfrigérateurs qui se trouvaient dans la maison. J'ai obtempéré et je me suis rendu compte que je devais sortir un corps humain (mâle). Bokassa m'a donné une lame de rasoir pour nettoyer le cadavre. Ce que j'ai fait. Je l'ai farci au riz et au pain, j'ai soigneusement recousu le tout et l'ai mis dans le four. Bokassa m'a enfermé à double tour pour que je n'aie de contacts avec personne. L'odeur du corps qui cuisait avait rempli la pièce. Bokassa n'est revenu que le lendemain vers 8 heures. J'ai flambé le corps au gin pendant qu'il buvait. J'ai mis le couvert et il s'est mis à table, seul. Il a commencé son repas par les mains, puis les pieds. Il m'a même prié de me mettre à table et j'ai refusé. »

Même la cour criminelle de Bangui, pourtant bien décidée à régler son compte à Bokassa, jugera hautement suspect ce témoignage (trop ?) coloré. Si l'empereur tenait tant à garder secret son goût pour la viande humaine pourquoi aurait-il fait appel à ce cuisinier de l'armée qu'il ne connaissait pas ? Lors du premier procès par contumace, le chef habituel de l'empereur avait été formel : il n'avait jamais assisté à ces scènes macabres au palais. Quant à la prétendue découverte de cadavres dans les congélateurs, le président du tribunal constate qu'elle n'a fait l'objet d'aucun procès-verbal et ne peut dès lors constituer une preuve. Comme attendu, Jean-Bedel Bokassa sera condamné à mort, peine ensuite commuée en prison à vie. Il sera en revanche lavé de toutes les accusations de cannibalisme et de recel de cadavres.

L'épilogue judiciaire de cette affaire d'anthropophagie, dont les journaux avaient pourtant fait leurs choux gras, ne connaîtra pas le même écho médiatique et ne donnera lieu à aucun examen de conscience. Les rotatives de grands journaux parisiens auraient-elles imprimé de telles rumeurs si elles avaient visé le dictateur d'un autre continent ? Il est permis d'en douter. Les décennies ont passé mais la rumeur s'est incrustée dans l'imaginaire collectif. Le souvenir de Bokassa reste encore aujourd'hui associé, dans l'esprit des Français, à l'affaire des diamants, à son sacre carnavalesque et... à son cannibalisme supposé.

Avant son retour en Centrafrique où il finira sa vie dans la pauvreté et l'amertume, le souverain déchu a connu les affres de l'exil. Destitué le 22 septembre 1979, l'ex-Bokassa Ier fuit son empire de poche pour se réfugier en Côte d'Ivoire avant de s'installer quatre ans plus tard dans sa « seconde patrie ». Le métier d'empereur s'est montré pour lui plutôt rémunérateur : il a accumulé en France pas moins de sept propriétés, la plupart achetées à prix d'or et qui se délabrent à vue d'œil faute d'argent et d'entretien. Avec sa compagne Augustine et quinze de ses cinquante-six enfants, Jean-Bedel Bokassa a pris ses quartiers dans son château d'Hardricourt. La coquette commune des Yvelines sera son île d'Elbe.

Assigné à résidence par les autorités françaises, le Napoléon de l'Afrique voit son univers rétréci à cet élégant manoir de 550 mètres carrés entouré d'un vaste parc arboré. Doué d'un talent hors du commun pour dilapider l'argent, Bokassa a vu sa fortune bien mal acquise fondre comme neige au soleil. Il doit désormais se passer de personnel de maison pour la cuisine et le service de table. On n'est jamais mieux nourri que par soi-même : le châtelain prépare tous les repas. Au début des années 1980, il est plutôt inhabituel de voir un chef de famille africain s'activer aux fourneaux. L'ancien président ne laisse personne d'autre toucher ses grandes marmites où mijotent des plats en sauce et de la viande de gibier tiré sur ses terres solognotes.

Sa fille, Marie-France Bokassa, a gardé un souvenir vivace de ses retours de partie de chasse. Les séances de dépeçage dans les sous-sols d'un château encombrés de carcasses sanguinolentes sont le genre de scènes qui s'incrustent pour de bon dans la mémoire d'une enfant. Scie et couteau de boucher à la main, le patriarche expose avec moult détails l'art de retirer la peau de l'animal à l'aide d'un compresseur, de le trancher au niveau des articulations, d'en enlever tous les viscères sans jamais rien gâcher. Les temps sont durs. L'homme qui a saigné son pays à blanc pour financer les agapes de son sacre impérial met en garde sa progéniture contre le gaspillage. « Dans une bête, tout se mange sauf la bile, qui est un poison au goût amer », professe-t-il avant de se réserver les yeux et la cervelle que nul n'a l'idée de lui disputer.

Pédagogue, Bokassa détaille les différentes parties des animaux qu'il vient de découper : les abats, les tripes, le cœur, le foie et les testicules auxquels il prête des vertus aphrodisiaques. À l'inverse de certains de ses frères et sœurs qui manquent de tourner de l'œil, la jeune et téméraire Marie-France est captivée par ces séances initiatiques. Mais, dans sa tête d'écolière, le doute s'insinue. Et si l'expertise paternelle ne se limitait pas uniquement à l'espèce animale ? Dans les cours de récréation, les terribles allégations concernant les goûts alimentaires de son père lui sont sans cesse jetées à la figure. Et plus d'une fois, elle plongera sa frimousse de gamine dans les trois grands congélateurs du château d'Hardricourt pour en avoir le cœur net.

La viande de gibier ne suffit pas à nourrir toute l'année les nombreuses bouches de la famille Bokassa. À l'insu de leur père, certains des enfants en viennent même à chaparder des conserves dans la supérette du coin. Le chef d'État en exil s'indigne très officiellement de l'extrême indigence dans laquelle il se trouve plongé. Dans un courrier daté du 27 juillet 1984, il en appelle au Premier ministre de l'époque, Laurent Fabius, insistant sur le triste sort de sa pléthorique progéniture :

> « J'ai actuellement à ma charge quinze enfants (15) dont le plus âgé a tout juste 14 ans [...]. Faute de pouvoir assurer leur nourriture par manque d'argent, ils mangent n'importe quoi : de l'herbe et des fruits sauvages qui leur occasionnent des vomissements et les rendent malades. Je suis dans l'impossibilité totale de payer les frais médicaux, de téléphone, d'eau, d'électricité, de gaz de cuisine, de fuel, etc. Devant une telle situation, je vous demande d'intervenir auprès du président de la République française afin de me permettre de regagner ma PATRIE LE CENTRAFRIQUE. »

Se considérant comme « détenu » par la France et victime d'un complot ourdi par le prédécesseur de François Mitterrand, Jean-Bedel Bokassa considère que l'État français lui est redevable. Dès lors, il se dispense de payer ses impôts, ses taxes et ses factures. Comme au bon vieux temps, il compte sur le Trésor public pour boucler des fins de mois devenues invariablement difficiles. Malgré la précarité de sa situation financière, l'ex-dictateur ne perd pas ses manies dispendieuses. C'est toujours avec un large sourire que le boucher de Meulan voit débarquer dans sa boutique « ce cher Monsieur Bokassa », prompt à laisser sur le comptoir un billet de 500 francs français sans jamais réclamer la monnaie.

Aux fourneaux, l'empereur déchu oublie un peu les idées noires qui hantent ses pensées : la « trahison » de la France, les amis qui lui tournent le dos, les problèmes d'argent, la tristesse de l'exil... Songe-t-il également à son modèle historique : Napoléon Ier ? À en croire la rumeur, le prisonnier de Sainte-Hélène aurait été empoisonné à petit feu par la perfide Albion. Dans son château glacial de Hardricourt, Bokassa se sent lui aussi surveillé, espionné, muselé par cette France qui a œuvré à sa chute. Il en est convaincu : des forces obscures agissent dans l'ombre pour le faire taire définitivement. Son passage de vie à trépas en arrangerait plus d'un…

Entre la vigilance et la paranoïa, la frontière est parfois ténue. Le ventre d'un tyran reste toujours son talon d'Achille. La peur de l'empoisonnement ne le quitte jamais, même en exil. Faute de goûteurs, Bokassa juge désormais plus prudent de ne pas laisser d'autres mains interférer avec sa nourriture. Pas plus que Napoléon, il ne peut oublier César tombé sous les coups de couteau de son fils Brutus. L'homme aux dix-sept épouses en vient à douter de ses propres enfants. Quand certains viennent l'aider en cuisine, Bokassa peut entrer dans de folles colères. La moindre erreur dans les dosages n'est pas loin d'être traitée comme une tentative d'empoisonnement mise au compte de l'État français. De sa bouche tordue par la fureur tombe l'accusation suprême : « collabo ».

La crainte de mourir la bave aux lèvres en se tortillant comme un gros lombric au fond d'une cellule le poursuivra jusque derrière les barreaux du camp de Roux à Bangui. C'est avec une suspicion compréhensible qu'il contemplera chacun des plats servis par l'administration carcérale. L'empoisonnement a toujours angoissé les dictateurs du continent noir. Solidement accrochés à leur trône, ils considèrent les tentatives de coup d'État ou de meurtre comme des menaces autrement plus sérieuses que le verdict des urnes. De fait, l'absence d'élections libres et démocratiques peut faire naître des envies secrètes de tyrannicide. Souvent évoquée comme une autre menace, la sorcellerie tient plus de la légende. Les entrailles d'un despote africain doivent surtout redouter la morsure du poison plutôt que les maléfices d'un sorcier de village. Les chefs de cuisine occidentaux sont dès lors très appréciés. Outre leur expérience et leurs talents aux fourneaux, leur absence d'implication dans les rivalités locales et tribales rassure le maître des lieux.

Jusqu'au retour de Bokassa dans son ex-empire, la vie en France s'enlise dans une langueur que peinent à secouer des dîners familiaux de plus en plus écrasés par la bigoterie paternelle. De sa voix grave et autoritaire, le patriarche bénit le repas, psalmodie le « Notre Père » et le « Je vous salue Marie » auxquels il ajoute un prêche de sa création. Les estomacs des enfants patientent désespérément. Ventre creux n'a guère d'oreilles pour les sermons du futur « treizième apôtre du Christ ». Veille d'école ou pas, les descendants du souverain déchu doivent souvent attendre que sonnent 23 heures avant d'avaler la première bouchée. L'heure tardive n'excuse en rien la somnolence à table. Tout contrevenant à la règle se voit retirer son assiette. Suivant une éducation à l'ancienne, les enfants ne doivent jamais parler à table sans y être invités. De toute façon, la conversation de Bokassa tient surtout du monologue sur sa vie et son œuvre : ses guerres héroïques sous le drapeau français, son accession au pouvoir, les belles années de « Bangui la coquette », son sacre impérial, cette foutue trahison de la France et, bien sûr, ses rêves d'un retour triomphal en Centrafrique.

Tel un disque rayé, l'ex-empereur inflige les mêmes radotages autocentrés à ses invités occasionnels. Les déjeuners de réception au château d'Hardricourt commencent à « l'heure africaine », avec une, deux, voire trois heures de retard, quand Sa Majesté Impériale condescend à rejoindre ses convives à la longue table de la salle à manger qui peut accueillir jusqu'à vingt-cinq personnes. La tenue du châtelain signale son humeur. Si le maître des lieux reçoit son monde en costume trois-pièces, on peut s'attendre à un repas jovial et détendu. Jean-Bedel le joli cœur se montre tout particulièrement attentionné avec les dames sur lesquelles il croit toujours exercer un charme irrésistible.

Si Bokassa rejoint la salle à manger enveloppé dans son peignoir en velours, d'où dépassent un pantalon de pyjama et un marcel en coton blanc, c'est que les turpitudes de l'exil ont obscurci son humeur. Le repas sera alors placé sous le signe des jérémiades, bientôt suivies de torpeur. Derrière des lunettes de soleil qu'il a pris l'habitude de garder sur le nez, les paupières de l'ex-dictateur se ferment souvent. Autour de lui, les invités poursuivent leurs conversations comme si de rien n'était, prenant juste la peine de parler en sourdine pour ne point déranger la sieste impériale. Le service est assuré par les petites mains des enfants qui, afin de ne pas subir les foudres du père tout-puissant, manipulent avec d'infinies précautions la belle vaisselle sortie pour les invités. Ceux-ci sont, pour la plupart, des Français aux parcours atypiques – aventuriers, barbouzes, extrémistes de droite – qui croient encore au retour de l'Aigle africain en son empire.

Une visite, plus que toute autre, vient de temps à autre réchauffer l'atmosphère glaciale du château. Avant l'arrivée de « l'impératrice Catherine », séparée de l'empereur et exilée en Suisse, Jean-Bedel Bokassa se sent l'âme d'un jeune fiancé que rend à la fois heureux et nerveux la visite de sa promise. Dans son costume trois-pièces, aspergé d'eau de Cologne, les doigts ornés de bagouses en or, les pieds enserrés dans des chaussures croco, l'hôte des lieux rayonne à table, métamorphosé par l'esprit de reconquête de l'être aimé. Habituellement si colérique, « Papa Bok » se montre doux comme l'agneau qui vient de naître. La présence de la belle Catherine et les chansons de la Zaïroise Tshala Muana, qui passent en boucle sur le tourne-disque, apaisent son âme tourmentée. Une inhabituelle atmosphère de fête entoure ces repas de famille reconstituée. Sur la plus belle nappe du château étincellent une argenterie lourde et une vaisselle majestueuse. Le hors-d'œuvre, le fromage, le dessert ont alors exceptionnellement droit de cité.

Une fois Catherine repartie, l'ordinaire reprend tristement ses droits. Dès lors, nul n'est plus à l'abri des flambées de colère paternelles alimentées par son fidèle compagnonnage avec le Chivas Regal et le J&B, ses deux marques de whisky favorites. Son esprit narcissique pousse d'ailleurs Jean-Bedel Bokassa à voir dans les initiales de la marque écossaise comme un vibrant hommage à son noble prénom. Quant au menu, c'en est fini du savoir-recevoir à la française. Le repas se limite à un plat unique : la viande est accompagnée de *gozo*, une poudre de manioc mélangée avec un peu d'eau chaude pour obtenir une pâte, de *foutou* constitué de bananes plantains bouillies et pilées au mortier ou encore de riz parfumé de la marque centrafricaine Le Paysan.

Du temps de sa splendeur, Jean-Bedel Bokassa s'était octroyé un immense domaine agricole et se présentait volontiers comme le premier paysan du pays, la terre sous les ongles en moins. Il avait fait appel aux Chinois pour développer des rizières sur le modèle asiatique. L'autonomie alimentaire de la Centrafrique figurait alors en tête de ses priorités. Entreposé dans les caves du château, un nombre considérable de sacs de riz « made in Centrafrica » ont donc suivi le dictateur jusqu'au bout de son exil. Une fois les réserves épuisées, Bokassa a continué à importer son fameux riz Le Paysan par boîtes d'un kilo.

Après tout, les aliments ont une âme, un passé, une histoire. Dans la bouche de l'exilé, les saveurs tissent un lien sensoriel avec la mère patrie. Elles comblent le manque né de l'éloignement forcé. Continuer à cuisiner et à manger la nourriture du « pays », c'est refuser de couper le cordon ombilical reliant l'homme avec les goûts et les odeurs qui ont imprégné son enfance et façonné son corps. Le ventre a la mémoire longue. Les milliards de neurones de nos intestins n'oublient rien. Les historiens et anthropologues de l'alimentation ont développé le concept de *soul food* pour désigner cette rémanence de la cuisine africaine au sein des communautés d'esclaves d'Amérique du Nord. Des aliments tels que le riz, le sorgho, le gombo et le manioc, si fréquents dans la cuisine d'Afrique de l'Ouest, furent importés durant la traite des Noirs et s'imposèrent comme le régime alimentaire de base des esclaves et de leurs descendants.

Continuer à malaxer, cuire, griller, assaisonner ces aliments pour les partager, les savourer, les ingurgiter, les digérer, c'était incorporer le souvenir de cette terre nourricière à laquelle la cruauté de l'homme blanc avait arraché une partie de sa population. L'acte de manger n'avait là plus rien d'anodin. Il était fortement imprégné du parfum doux-amer de ce continent que les yeux ne reverraient plus mais que la bouche continuait de dévorer à belles dents. Il faut comprendre cette survivance des traditions culinaires comme une forme de résistance, un refus de la déculturation et de l'assimilation.

Même dans les châteaux et les villas de complaisance où se réfugient les dictateurs chassés du pouvoir, la nostalgie finit toujours par frapper en plein ventre. Tout comme

Bokassa, Idi Amin Dada, son plus proche compétiteur africain dans la course aux bouffonneries, tenterait, du fond de son exil saoudien, de conjurer le mal du pays en se faisant livrer des denrées d'Ouganda. Avec les sacs de manioc, de mil et de bananes vertes récupérés à l'aéroport de Djeddah puis chargés dans sa Cadillac, Idi Amin préparait le plat national : le matooke. Si Bokassa croyait aux vertus aphrodisiaques des testicules d'animaux, son jumeau anglophone absorbait, lui, une trentaine d'oranges par jour pour stimuler sa virilité. L'ogre de Kampala était devenu le bon « docteur Jaffa ».

Pour autant, Jean-Bedel Bokassa n'a jamais rompu les amarres avec l'ancienne colonie. Jusqu'au bout, il sera en quête de reconnaissance par la France tout en s'estimant injustement traité par elle. Lâché, exilé, pestiféré, l'ancien « parent » de Giscard aurait pu bannir de sa table tous les signes de « francité ». Il ne le fait pas. Lors des réceptions en son château des Yvelines, l'ex-dictateur continue à s'inspirer de l'art de recevoir à la française, comme s'il accordait une supériorité naturelle à sa « seconde patrie ». Certains Africains ont toujours vu dans son comportement mimétique une burlesque soumission à l'ancienne puissance coloniale. Mais, en réalité, Bokassa n'a jamais renoncé à son africanité. Dans le fond, il sacrifie à une forme de syncrétisme alimentaire sans renier ses racines. Cuisine de représentation d'un côté, cuisine de l'intime de l'autre : l'une ne contredit pas l'autre mais reflète la dualité de cette personnalité étrange et complexe.

Du fond de son exil, il puise ses forces dans des saveurs qui rappellent le goût puissant des origines et le sentiment fort de l'appartenance. Dans la cuisine d'un château glacial des Yvelines, les manches retroussées, un tablier noué autour de la taille, l'empereur exilé fait mijoter les plats de son enfance en Oubangui-Chari, ceux-là mêmes que lui préparait sa mère trop tôt disparue. Sous les couvercles des marmites fabriquées au pays et frappées de l'inscription « RCA Bangui Jean-Bedel Bokassa » glougloute et frémit le rêve d'un retour triomphal au pouvoir.

Adolf Hitler

Qui n'aime pas le vin, n'aime pas la vie

À l'heure où agonise le IIIe Reich, tandis que les Berlinois meurent de faim sous un déluge de feu, les panses des derniers fidèles du Führer, terrés dans leur bunker, restent convenablement remplies. L'ambiance de fin de règne n'a pas coupé tous les appétits. L'épicerie fine, les friandises, le champagne et les cigarettes à disposition aident à tromper l'ennui et l'angoisse d'un sort inéluctable. Adolf Hitler a fini par se rendre à la raison : aucune arme miracle ne viendra plus changer le cours de la guerre. Il s'apprête à mourir comme il a vécu… en caporal, d'une balle dans la tête. Comme il n'est pas question de laisser les judéo-bolcheviques exhiber son scalp à des foules vengeresses, le dictateur a donné pour instruction de faire disparaître sa dépouille dans les flammes.

En pleine pénurie, dans un Berlin encerclé et pilonné par les Rouges, dénicher deux cents litres de carburant n'est pas le plus mince des défis logistiques. Les réserves d'alcools forts du bunker feraient l'affaire mais personne n'ose suggérer cette solution très pratique. Flamber la sépulture du Führer au schnaps ou au cognac, tel un bon gros gigot, manquerait de dignité. Des bidons d'essence sont finalement trouvés et acheminés dans les jardins de l'ancienne chancellerie. La bête immonde va pouvoir rôtir en enfer l'esprit tranquille : son enveloppe corporelle échappera aux profanations. Le dictateur allemand ne subira pas le sort macabre de son partenaire en crimes, pendu par les pieds sur la Piazzale Loreto à Milan tel un vulgaire saucisson.

Quatre jours plus tard, les « reliques » hitlériennes sont découvertes par le SMERSH, le contre-espionnage militaire soviétique inféodé à Staline. Seuls des bouts de mâchoire et de crâne ont survécu aux flammes. En se suicidant Adolf Hitler s'est soustrait à la justice des hommes. En se faisant incinérer, il échappe à la science. On imagine l'excitation des médecins soviétiques manipulant le cadavre du tyran planétaire s'il était demeuré intact. Ils auraient tenté de faire parler ce cerveau à l'origine des pires crimes contre l'humanité. Disséquant les cinq lobes cérébraux du Führer, ils se seraient efforcés de poser un diagnostic *post mortem* sur son état mental. Adolf Hitler était-il fou au sens médical du terme ? Des lésions cérébrales auraient-elles permis d'expliquer en partie la monstruosité de ses actes ? Au bout du scalpel aurait-on trouvé la réponse à ces questions récurrentes ? La dissection du cadavre aurait aussi révélé si le surhomme autoproclamé ne possédait vraiment qu'un testicule. La cryptorchidie supposée du Führer a nourri de nombreuses spéculations concernant son éventuel impact psychologique.

Les blouses blanches de la glorieuse Union soviétique n'auraient probablement pas prêté la même attention à un organe réputé moins noble : l'intestin. Auraient-ils seulement disséqué le long et répugnant tuyau par lequel transitaient les aliments absorbés par le Führer ? L'intestin ne suscitait pas encore l'intérêt scientifique qu'on lui accorde aujourd'hui. Personne ne parlait d'un deuxième cerveau avec ses milliards de neurones et son microbiote capables d'influencer les émotions. Or une chose est certaine : la vie digestive du Führer ressemblait plus à un torrent déchaîné qu'à un long fleuve tranquille. Le dictateur ayant emporté dans les flammes les secrets renfermés dans son deuxième cerveau, il faut s'en tenir à un examen rigoureux de son assiette pour tenter de comprendre ce qu'Adolf Hitler avait dans le ventre, et dans la tête.

Telle une tumeur, une boule de colère grossit dans les viscères du jeune Adolf alors qu'il fait l'amère expérience de la faim. C'est du moins la version des faits que propose l'auteur de *Mein Kampf*. Son livre programme rédigé durant les neuf mois de sa détention à la prison de Landsberg, après le putsch raté du 8 novembre 1923, ne se résume pas à un fastidieux exposé d'idées racistes, antisémites, nationalistes et revanchardes. Dans cet ouvrage voué à un phénoménal succès de librairie à retardement, le démagogue de Munich se livre par petites touches autobiographiques. Adolf Hitler y démontre qu'il maîtrise déjà parfaitement les techniques du *storytelling*.

Il était une fois un jeune homme issu de la petite bourgeoisie, trop intelligent pour briller dans les études secondaires, trop doué pour être admis par l'École des beaux-arts de Vienne. En un mot : trop bien pour le monde dans lequel il vivait. Ses rêves de gloire artistique s'étaient injustement fracassés sur les conventions médiocres de son époque. Le génie incompris avait sombré dans le désespoir et la misère la plus noire. Le décor de sa déchéance était une grande ville, la capitale cosmopolite – autant dire crasseuse – d'un empire finissant : Vienne.

> « Aujourd'hui encore, son nom n'éveille en moi que le souvenir pénible de cinq années de détresse. Cinq années pendant lesquelles je dus, comme manœuvre d'abord, ensuite comme petit peintre, gagner ma subsistance, maigre subsistance, qui ne pouvait même pas apaiser ma faim chronique.

Car la faim était alors le gardien fidèle qui ne m'abandonna jamais, la compagne qui partagea tout avec moi. Chaque livre que j'achetai eut sa participation ; une représentation à l'opéra me valait sa compagnie le jour suivant ; c'était une bataille continuelle avec mon amie impitoyable. J'ai appris cependant alors comme jamais avant. Hors mon architecture, hors les rares visites à l'opéra, fruit de mes jeûnes, je n'avais d'autre joie que des livres toujours plus nombreux. »

Les nourritures spirituelles en lieu et place d'assiettes fumantes ? Déjà, Adolf Hitler esquisse l'autoportrait d'un homme ascétique prêt à toutes les privations pour poursuivre une mission d'un intérêt supérieur. Il y a du divin chez ce guide qui, tel le Christ jeûnant dans le désert pendant quarante jours et quarante nuits, part à la découverte de son être intérieur à mesure que son estomac rétrécit.

« Je remercie cette époque de m'avoir rendu dur et capable d'être dur. Plus encore, je lui suis reconnaissant de m'avoir détaché du néant de la vie facile, d'avoir extrait d'un nid délicat un enfant trop choyé, de lui avoir donné le souci pour nouvelle mère, de l'avoir jeté malgré lui dans le monde de la misère et de l'indigence et de lui avoir ainsi fait connaître ceux pour lesquels il devait plus tard combattre. »

L'auteur de *Mein Kampf* partage avec son lecteur la routine matutinale qu'il a adoptée, au lendemain de la Grande Guerre, dans la petite chambre de la caserne du 2e régiment d'infanterie :

« Comme j'avais coutume de me réveiller tous les matins avant cinq heures, je pris l'habitude de m'amuser à mettre par terre de petits morceaux de pain dur ou de viande pour les souris qui prenaient leurs ébats dans la petite chambre et de regarder comment ces amusants petits animaux se poursuivaient à la ronde en disputant ces friandises. J'avais dans mon existence déjà souffert de tant de privations que je ne pouvais que trop bien me représenter la faim et aussi la satisfaction des petits animaux. »

Des souris et un surhomme… Qu'en est-il de la réalité, telle que l'ont ensuite établie les historiens en se fondant sur les documents et les rares témoignages de l'époque ? Il ne fait pas de doute que l'estomac du jeune Adolf a souvent sonné creux durant ses années viennoises. Après ses deux échecs au concours d'entrée à l'Académie des beaux-arts de Vienne, il mène la vie frugale d'un artiste raté. Son régime quotidien consiste essentiellement en pain beurré, puddings à base de flocons d'avoine souvent complétés d'un gâteau au pavot ou aux noix. Adolf Hitler boit du lait, parfois du jus de fruit, jamais d'alcool. À mesure que ses économies s'évaporent, son régime alimentaire se durcit. À la fin de l'année 1909, son repas quotidien se résume à un bol de soupe et à un morceau de pain qu'il partage avec les poivrots, les clochards, les vagabonds, les marginaux qui trouvent refuge dans un asile de nuit récemment ouvert dans le quartier viennois de Meidling. Hitler a touché le fond, il ne descendra pas plus bas.

Cette (brève) expérience de la faim et du dénuement absolu va fournir un badge de vertu au futur démagogue de brasserie. Au même titre que ses croix de fer 1re et 2e classes épinglées à son veston au retour du front de la Grande Guerre, les joues creusées de sa jeunesse complètent son autoportrait d'homme qui s'est construit dans l'adversité. Sous la plume du polémiste, cette compagne de jeunesse omniprésente qu'était la faim devient une expérience structurante, une épreuve de la vie qui change le caractère d'un homme et le pousse vers son destin. Celui qui a expérimenté les jours sans nourriture, avant de connaître l'horreur des tranchées, prouve par son vécu qu'il n'est pas de ces faïences dont on fait les bidets mais de ce métal lourd dont on bâtit les empires. Plus grande fut la déchéance, plus héroïque apparaît l'ascension de l'homme qui prétend relever son pays tombé dans les abîmes. Si Adolf Hitler était un peintre médiocre, il faut lui reconnaître un talent singulier dans l'art de la broderie.

Les demi-vérités constituent les mensonges les plus convaincants. Adolf Hitler est trop rusé pour s'inventer de toutes pièces une existence qu'il n'a pas vécue. Dans *Mein Kampf*, il se contente de mentir par omission, passant sous silence les détails qui affadiraient considérablement un message politique qui peut se résumer ainsi : peuple d'Allemagne, comme toi, j'ai souffert de l'injustice de la faim quand d'autres s'engraissaient, je te donnerai de quoi remplir ton assiette. Plus tard, les affiches électorales du parti nazi promettront d'ailleurs : « Travail, liberté et pain ».

L'attendrissante métaphore des souris (le peuple allemand affamé) se disputant des bouts de viande et de fromage fournis par la main nourricière d'un sauveur (Hitler), d'autant plus compatissant qu'il a lui-même connu la faim, relève néanmoins d'une forme d'escroquerie autobiographique. L'auteur oublie de préciser que sa déchéance ne doit rien aux affameurs du peuple. Ces « judéo-bolcheviques » tireurs de ficelle, accusés de tous les maux, ne lui ont nullement enlevé le pain de la bouche. Il s'y est fort bien pris tout seul. La malnutrition dont il souffre à Vienne résulte avant tout de l'existence dilettante d'un jeune homme à l'amour-propre artistique blessé par les déconvenues.

À l'inverse de tant de ses contemporains autrichiens, le jeune Adolf n'a pas à se soucier dans l'immédiat de gagner son pain quotidien. Il faudra des années d'oisiveté à Vienne avant que la faim finisse par le tourmenter. Auparavant, ce fils de fonctionnaire, qui a obstinément refusé de suivre la voie paternelle, s'est longuement prélassé sur un matelas financier constitué du prêt généreux d'une tante, de sa part de l'héritage familial et de sa pension d'orphelin. À mesure que son pécule s'amenuise, Adolf Hitler prend l'habitude de sauter des repas afin de financer sa ruineuse passion pour les représentations données à l'opéra de Vienne auxquelles il se rend dans ses plus beaux habits. Ce n'est pas précisément le type de sacrifices qui s'imposent à la masse des miséreux errant dans les rues de la capitale autrichienne.

Quant aux petits boulots dont il se vante, manœuvre et aide-maçon, il faut croire l'auteur de *Mein Kampf* sur parole, car aucun document officiel n'atteste qu'il ait eu à manier la truelle pour gagner sa croûte. Le jeune homme qui échoue dans un asile de nuit de Vienne peut bien se présenter comme la victime d'une misère endémique orchestrée par les ennemis de l'intérieur, en réalité, sa déchéance relève davantage de l'itinéraire d'un petit-bourgeois oisif. Incapable de contempler sa nullité artistique, Adolf Hitler ne s'imagine pas une autre destinée que celle d'un peintre de génie ou, passe encore, d'un architecte de renom. Il s'enferme dans ces impasses de façon velléitaire, sans jamais se donner les moyens de ses ambitions.

Avant 1914, il était le « zéro de Vienne », après 1918, il devient un héros de guerre miniature. Ses « exploits » militaires, accomplis à un rang très subalterne et périphérique, n'étaient pas de nature à changer le cours d'une bataille. Néanmoins, le patriotisme chevillé au corps, le « petit caporal » a fait preuve d'un certain courage physique et d'une discipline exemplaire dans les tranchées. Habitué aux maigres pitances de sa jeunesse viennoise, il ne se plaint jamais des pauvres rations qui atterrissent dans sa gamelle de soldat. L'expérience du front va lui conférer un (modeste) statut et donner un sens à une vie qui jusque-là ne le menait nulle part. La défaite militaire et l'humiliation du traité de Versailles vont bientôt nourrir sa rancœur et sa croyance dans la fameuse théorie du « coup de poignard dans le dos ».

Dans les brasseries de Munich, Adolf Hitler parle plus qu'il ne mange et ne boit. Ses discours virulents contre le « judéo-bolchevisme », servis par une gestuelle théâtrale et d'incontestables qualités oratoires, le font remarquer dans les milieux ultra-nationalistes. Il va s'imposer comme leur meilleur propagandiste. L'un des fondateurs du Parti ouvrier allemand, plus tard rebaptisé le Parti national-socialiste des travailleurs allemands (NSDAP), prend sous son aile cet agitateur au verbe haut. Dietrich Eckart, journaliste, auteur dramatique et riche héritier, présente son fringant poulain à des cercles influents avec l'idée de lever des fonds pour le parti nazi.

Mais deviser gaîment dans les salons une coupe dans une main, un petit-four dans l'autre, n'est pas un talent donné à tout le monde. À Berlin comme ailleurs, aujourd'hui comme hier, les réceptions mondaines sont des examens de passage qui taisent leur nom. La prestation du candidat en quête d'élévation sociale peut lui ouvrir des portes ou lui en fermer. C'est un lieu où, derrière les sourires parfumés au champagne, s'exerce une forme de violence symbolique pour qui ne maîtrise pas tous les codes et les usages de la classe dominante. Pour se faire adouber par les élites, il faut gommer les traits trop saillants d'un habitus de classe inférieure. Dans cette comédie du jeu social, le petit caporal mal dégrossi et désargenté se révèle un piètre acteur. L'estomac vide, il se jette sur les plateaux rutilants que font tournoyer des maîtres d'hôtel en spencer blanc. Ses pauvres manières de petit-bourgeois déclassé, fricotant avec la populace avinée des brasseries munichoises, n'échappent pas au regard condescendant des gens bien nés. Converti au nazisme, séduit par le charisme d'Adolf Hitler, Ernst Hanfstaengl, un grand bourgeois issu d'une famille de négociants d'art, ne peut résister à cette remarque qui fleure bon le mépris de classe : « Sa manière maladroite de tenir son couteau et sa fourchette trahissait ses origines. »

Au début des années 1920, le séducteur des foules en devenir se révèle socialement inadapté aux conversations de salon. Soit le petit homme mal attifé, si étrange avec sa mèche rebelle et sa balayette sous le nez, se mure dans un silence crispé, soit il laisse échapper de sa bouche tordue par la haine un flot ininterrompu de paroles racistes et antisémites. Les convives de la bonne société allemande ignorent encore ce que tous les voisins de table du Führer finiront par apprendre : on sait quand commence un monologue hitlérien, jamais quand il se termine.

On imagine avec délice la perplexité des riches industriels bavarois ayant eu le tort de solliciter l'opinion de l'étoile montante du NSDAP pour se retrouver aspergés d'un torrent verbal agrémenté de postillons. Les remontées gastriques, provenant d'un estomac en dérangement perpétuel, ajoutent à l'inconfort du face-à-face. Au moins les invités échappent-ils à une haleine chargée en alcool. Comme déjà enivré par ses propres paroles, Adolf Hitler trempe rarement sa petite moustache dans une pinte de bière ou une flûte de champagne. Alcoolique notoire, Dietrich Eckart n'a pas transmis à son jeune protégé cette passion qui le mènera, lui, tout droit au cimetière.

Dans un parti où tant d'adhérents puisent leur haine de l'autre au fond d'un verre de schnaps ou de bière, la sobriété du « tambour » autoproclamé du NSDAP passe alors pour un handicap. « Il ne fume pas, il ne boit pas, il ne mange presque rien hormis des crudités et ne touche aucune femme ! Comment sommes-nous censés le comprendre pour le faire accepter par d'autres ? » se lamente Gregor Strasser, l'un des cadres dirigeants du Parti national-socialiste.

Qui n'aime pas le vin, n'aime pas la vie ? Adolf Hitler s'impose comme la parfaite antithèse du bon vivant. Tout au long de son existence, ce grand buveur de thé et de lait restera indifférent aux plaisirs de l'alcool même si, à l'occasion, il peut tremper ses lèvres dans une chopine de bière. L'homme ayant la dent sucrée, l'amertume de l'alcool le fait parfois grimacer, problème qu'il résout en diluant un peu de sucre dans son verre. Si le tabac est totalement proscrit à sa table, les vins et spiritueux ont droit de cité sur la nappe hitlérienne. En revanche, il ne supporte pas que l'on se présente devant lui sous l'emprise de l'alcool.

Plusieurs témoins ont rapporté la semonce mémorable que subira Heinrich Hoffmann, photographe attitré d'Adolf Hitler et surnommé « le poivrot du Reich » : « Hoffmann, lui lance le Führer, votre nez ressemble à une citrouille pourrie, je crois que si on met une allumette sous le courant de votre souffle, vous allez exploser, et bientôt, ce sera du vin rouge qui coulera dans vos veines au lieu du sang. » Il n'éprouve que mépris et répulsion pour Winston Churchill et sa consommation sans modération de cognac et de pur malt… « Un porc sans caractère, ivre 30 % de la journée », s'emporte-t-il quand le nom de sa bête noire se glisse dans la conversation. Adolf Hitler tient visiblement à garder les idées claires, craignant que la consommation d'alcool n'obscurcisse son jugement. La fin de l'histoire prouvera que le thé au cumin et l'eau de Fachingen auront pourtant fort mal contribué à une conduite lucide des affaires.

Si l'abstinence paraît peu conventionnelle dans l'Allemagne des années 1930 et 1940, ne manger ni viande ni poisson passe carrément pour une loufoquerie au pays de la saucisse et de la charcutaille. Soixante-quinze ans après sa mort, le végétarisme d'Adolf Hitler reste d'ailleurs un sujet hautement inflammable et même de plus en plus incandescent dans l'opposition entre « vegans » et « spécistes ». Convoquer la figure hideuse du dictateur nazi pour discréditer le végétarisme est une facilité rhétorique à laquelle peu d'antivégétariens résistent. Les plus documentés sur le sujet citent les écrits de Luc Ferry dans l'espoir de clore le débat.

Dans son essai *Le Nouvel Ordre écologique*, le philosophe dénonce certaines tendances de la pensée écologiste moderne. Il décrit en particulier l'antispécisme comme un « antihumanisme » se rapprochant, par certains aspects, de la politique écologique du national-socialisme. Les théories de Walther Schoenichen, biologiste et théoricien nazi de l'environnement, et les premières mesures de protection animale adoptées sous le IIIe Reich signalaient, selon l'auteur, une forme dangereuse de sentimentalisme romantique. Une telle vision du monde amène à vouloir protéger la nature pour la maintenir vierge et non souillée par l'homme, alors que la mission de l'homme sur terre devrait consister à dompter et à civiliser la nature par le génie de la culture. Comme bien souvent dans les discussions de banquet, la subtilité de ce raisonnement ouvert à débat s'est perdue en chemin. Des bribes de l'argumentation de Luc Ferry se retrouvent généralement compactées en une affirmation frustre et lapidaire : Hitler + végétarisme = fascisme vegan.

Exhumer le passé pour éclairer le présent peut avoir ses vertus si la comparaison ne sombre pas dans la déraison.

Or suspecter les défenseurs de la cause animale de tentations fascisantes sous prétexte qu'Adolf Hitler se privait de viande et adorait sa chienne Blondi relève du sophisme. À ce compte, il faudrait interdire la musique de Wagner pour éviter qu'une écoute prolongée de ses œuvres ne conduise à l'invasion de la Pologne. Si de l'assiette d'Adolf Hitler jaillissent d'utiles informations sur ses peurs, ses complexes et sa vision hygiéniste du monde, ses habitudes alimentaires ne disqualifient en rien le combat des antispécistes.

L'affaire devrait être entendue. Pourtant, elle ne l'est pas. Bizarrement, les tenants de la cause animale alimentent eux-mêmes le débat. À grand renfort d'articles sur Internet, ils décrivent le végétarisme du leader nazi comme une imposture de l'Histoire. Il serait l'une de ces proverbiales « vérités alternatives » créée de toutes pièces par un orfèvre en la matière : Josef Goebbels, le ministre de la Propagande du régime. Le « patronage » hitlérien est visiblement trop dérangeant pour ne pas être rejeté par les végétariens. En leur for intérieur, beaucoup ne peuvent admettre que cette incarnation de la cruauté ait pu rejoindre la grande famille des végétariens. À leurs yeux, le régime alimentaire est associé à des valeurs de respect et de non-violence. Domine cette idée que le monde serait moins sanguinaire si une telle éthique inspirait les hommes. Si le Mahatma Gandhi s'impose comme la figure historique idéale à l'appui d'une telle argumentation, Adolf Hitler n'est assurément pas l'homme-sandwich rêvé pour vanter les mérites d'un végétarisme adoucissant les mœurs. Sur la Toile crépitent donc les arguments assurant que le Führer n'aurait pas renoncé à la bonne saucisse bavaroise ni à la robuste cochonnaille germanique.

Ce n'est pas dans les archives secrètes de la SS ni dans le journal intime d'un haut dignitaire nazi que se cacherait la preuve de son goût jamais démenti pour la viande. Le « smoking gun » brandi par les végétariens nicherait dans un vieux livre de cuisine, très précisément à la page consacrée à la recette du pigeon farci. Dans *The Gourmet Cooking School Cookbook*, paru en 1964, la cuisinière anglaise Dione Lucas accompagne sa recette de ce codicille à l'humour typiquement britannique :

> « J'ai appris cette recette lorsque je travaillais comme chef, avant la Seconde Guerre mondiale, dans l'un des plus grands hôtels de Hambourg en Allemagne. Je ne voudrais pas couper votre appétit pour le pigeon farci mais il faut savoir que c'était l'un des plats favoris de Hitler qui dînait souvent à l'hôtel. Mais n'en tenons pas rigueur à cette très bonne recette. »

Ce témoignage suffit-il à enterrer, une fois pour toutes, la légende d'un Führer végétarien ? La réponse est clairement non. En l'absence de précisions sur les dates de fonction de Dione Lucas en Allemagne – « dans les années trente », apprend-on simplement en lisant sa note biographique –, le pigeon hambourgeois ne peut être considéré comme la preuve incontestable si ardemment recherchée. Car le flou demeure sur la période de sa vie durant laquelle Hitler s'est « converti » au végétarisme. Le leader nazi a pu faire honneur aux plats canailles de cette chef britannique avant de renoncer à la viande. Un régime végétarien n'étant pas toujours linéaire, il a pu se laisser tenter par de la viande avant d'y renoncer totalement.

En revanche, l'abondance des témoignages de tous ceux qui ont partagé la table et le couvert du Führer renforce la thèse d'un végétarisme scrupuleusement observé par la suite. Inhabituel pour l'époque, ce régime alimentaire ne passe pas inaperçu. Les plats servis au maître du IIIe Reich se composent, selon les jours, de haricots verts, de pois, de lentilles, de soupe d'avoine, de tartelettes aux tomates, de céréales, de fromage et très souvent de pommes de terre à la crème abondamment nappées d'huile de lin, l'un de ses mets favoris. Le Centre de documentation de l'Obersalzberg, où était située sa résidence bavaroise, le Berghof, présente deux menus personnels du Führer datant des 4 et 26 juin 1943. Les déjeuners sont plutôt légers : tomates, carottes et pommes de terre arrosées d'un jus de cerise le premier jour, soupe de légumes, semoule, chou-fleur, salade et jus de cerise le second. Les dîners apparaissent plus consistants : câpres trempées, pâtes au jaune d'œuf, fromage au paprika, pain beurré et jus d'orange le premier jour, salade de tomates et de pommes de terre, pâtes, pain beurré et jus d'orange le second.

Si la réalité du végétarisme d'Adolf Hitler ne laisse guère de place au doute, la période et les circonstances de sa « conversion » demeurent plus mystérieuses. Après le putsch raté de 1923, l'agitateur de Munich a été envoyé à la prison de Landsberg où il purge une peine de neuf mois. Le manque d'exercice conjugué au traitement de faveur que lui réserve l'administration pénitentiaire se traduisent par quelques kilos superflus à sa sortie. Décidé à régler son problème de léger surpoids, le chef de file des nazis aurait réduit sa consommation de viande pour finalement se convertir au végétarisme comme on entre en religion. L'un de ses proches, le général Otto Wagener, propose une version autrement plus romanesque. Le choc émotionnel provoqué par le suicide de sa nièce Geli Raubal, avec laquelle « Oncle Alf » entretenait des liens pour le moins ambigus, se serait manifesté par un changement brutal de régime alimentaire. Son végétarisme radical serait né dans le deuil et la culpabilité.

Une fois n'est pas coutume, Adolf Hitler n'impose pas ses choix aux autres, même sous son propre toit. Ses invités ne sont pas obligés de suivre le régime sans viande ni poisson de leur cher Führer. Dans ses Mémoires, sa secrétaire Traudl Junge raconte son premier repas avec le Führer et sa crainte de devoir partager le même menu composé de soupe d'avoine, de crème de graines de lin, de muesli et de jus de légumes. À son grand soulagement, elle voit les serveurs poser sur la table un plat garni d'un rôti mariné accompagné de purée de pommes de terre et de haricots frais. Personne n'est obligé de suivre l'exemple du « guide », hormis sa bien-aimée chienne Blondi. Parfois, certaines mains charitables et anonymes déposent subrepticement des morceaux de viande dans la gamelle du berger allemand, ce qui a le don d'énerver le Führer.

Sur la seule question du végétarisme, le dictateur n'adopte pas une attitude autoritaire ni même prosélyte, se contentant de provoquer les mangeurs de viande par quelques traits d'humour macabres. Si un bouillon gras trône sur la table, il devient aussitôt « une décoction de cadavre ». Si des écrevisses sont servies, les habitués savent qu'ils devront subir l'histoire de la vieille dame jetée à la rivière par ses petits-enfants pour appâter les crustacés. Si du homard offert par des pêcheurs de Helgoland s'invite au menu, le maître des lieux se demande à haute et intelligible voix comment des gens sains de corps et d'esprit peuvent déguster d'aussi repoussants décapodes ?

Pour finir de dégoûter les « mangeurs de cadavres » attablés à ses côtés, Adolf Hitler prend un malin plaisir à raconter une anecdote rapportée du front oriental. Les propos du dictateur génocidaire, tels qu'ils sont cités dans les Mémoires de sa secrétaire Traudl Junge, font froid dans le dos :

> « Quand j'étais stationné au quartier général en Ukraine, mes hommes ont dû visiter une fois l'abattoir le plus grand

et le plus moderne. C'était une usine complètement mécanisée, du porc jusqu'à la saucisse, y compris le traitement des os, des soies et des peaux. Tout était si propre et soigné, et de jolies filles avec de hautes bottes en caoutchouc étaient debout dans le sang jusqu'au mollet. Malgré tout, ces messieurs mangeurs de viande se sont sentis mal, et beaucoup sont sortis sans avoir tout vu. Ce genre de choses ne peut pas m'arriver. Je peux regarder sans problème arracher les carottes et les pommes de terre, ramasser les œufs dans le poulailler et traire les vaches. »

Venant d'un homme responsable de l'assassinat de millions de personnes dans des camps de la mort, ce réquisitoire contre les abattoirs révulse mais ne surprend pas. Dans la logique du pire génocidaire de l'histoire, les animaux n'ont causé aucun tort au peuple allemand, à l'inverse des Juifs, constamment comparés à de mauvaises bactéries qui, perfidement, corrompent la pureté de la race aryenne. À ses yeux, ces derniers doivent être traités « comme les bacilles de la tuberculose » infectant les corps sains. À cela rien de cruel, sachant que « même des créatures innocentes, comme les lièvres et les cerfs, doivent être tuées ». Dès lors, « pourquoi épargner les bêtes qui veulent nous apporter le bolchevisme » ? L'abattage du bétail relèverait de la cruauté gratuite tandis que le massacre de populations « nuisibles » s'apparenterait à une œuvre de salubrité publique. En poussant jusqu'au bout cet abominable raisonnement, les abattoirs seraient des lieux de mort sans réelle justification morale, tandis que les camps d'extermination s'inscriraient dans une logique prophylactique visant à protéger la race aryenne.

D'aussi dérangeantes comparaisons devraient inciter plus d'un antispéciste à la prudence. Leur combat contre les souffrances animales dans les abattoirs est tout à fait respectable, les scabreux parallèles qui inondent les réseaux sociaux le sont beaucoup moins. Placer sur un pied d'égalité, à grand renfort de photos chocs, les millions de victimes de l'Holocauste assassinées au nom d'une idéologie malfaisante et les milliards de bêtes tuées pour nourrir les hommes sonne comme une insulte à la mémoire de tous les êtres humains suppliciés à l'ombre des miradors.

Dans un registre moins macabre, Adolf Hitler ne recule devant aucun syllogisme pour tenter de convaincre ses convives de la supériorité du régime végétarien. « Prenez un chameau et un lion, argumente-t-il en substance, lequel des deux se débrouillera le mieux dans le désert ? Eh bien, l'animal se nourrissant d'herbes et de plantes pardi ! » Le dictateur allemand entre dans cette catégorie des autodidactes d'autant plus convaincus d'avoir toujours raison qu'ils ont opéré un tri sélectif dans leurs connaissances afin de renforcer leurs convictions de départ. Son omniscience lui permet d'affirmer avec autorité que l'espérance de vie des humains aurait été prolongée de soixante à soixante-dix années s'ils s'étaient abstenus de manger de la viande.

Vivre jusqu'à 150 ou 160 ans… Les coups de fourchette du Führer sont peut-être inconsciemment guidés par cet espoir chimérique. Adolf Hitler est obsédé par sa propre fin. Persuadé qu'il ne lui reste qu'une poignée d'années pour réaliser sa « grande œuvre », il agit dans la rapidité et l'impatience. La marche accélérée vers la guerre et les blitzkriegs à répétition, en dépit des réticences de l'état-major des armées allemandes, s'expliquent en partie par cette course personnelle contre la mort. Jamais l'hypocondrie d'un seul homme n'aura eu un impact aussi funeste sur la vie de tant d'autres.

Le moindre mal de ventre réveille le spectre tant redouté de la tumeur cancéreuse. Adolf Hitler a été durablement marqué par la lente agonie de sa mère, emportée par un cancer à l'âge de 47 ans. Ses soucis de santé en général et ses troubles intestinaux en particulier l'inquiètent tant qu'il s'en ouvre sans pudeur à ses interlocuteurs de passage. La scène racontée par Albert Krebs, le gauleiter nazi de Hambourg, permet de toucher du doigt les peurs primales qui rongent le tyran. Dans la suite de l'Hôtel Atlantik, ce cadre du Parti national-socialiste surprend le chef suprême, dos voûté, mine renfrognée, lapant sa soupe de légumes à grands bruits. Il semble las et déprimé, bien loin de l'image du surhomme façonnée par la propagande nazie. Adolf Hitler relève la tête et lui demande de but en blanc son opinion sur le végétarisme. Devant son visiteur médusé, il explique alors qu'il ne mange plus de viande pour atténuer ses nombreuses afflictions : sudation excessive, fatigue nerveuse, tensions musculaires, crampes d'estomac…

En constante ébullition, le cerveau du tyran ne contribue guère à apaiser les troubles digestifs dont il souffre. Des spasmes aigus agitent l'estomac et les intestins du leader nazi à chaque montée de stress qu'occasionne son tempérament belliqueux. Peu porté sur l'autocritique, il ne cessera de blâmer son état-major pour ses problèmes gastriques à mesure que s'accumulent les échecs militaires. Hitler n'accorde qu'une confiance très modérée à la médecine conventionnelle et recourt un temps à une automédication pour le moins hétérodoxe. L'ancien « petit caporal » ingurgite un vieux remède de tranchée à base d'huile de nettoyage des armes à feu qui, sans surprise, ne calme aucunement ses douleurs ventrales mais lui vaut migraines, troubles de la vision, vertiges et acouphènes. Il finira par s'en remettre au docteur Theo Morell, dont les prescriptions à rallonge sont à peine moins fantasques.

Aux yeux de ses confrères, ce médecin obèse passe pour un charlatan hors pair. Malgré sa douteuse réputation, Hitler ne lui retirera sa confiance qu'à la toute fin de son sinistre règne. Avant d'être congédié, le Dr Morell aura eu tout le loisir de tester son exotique pharmacopée sur son patient, qui avale sans broncher le « Mutiflor » concocté par ses soins. Ces capsules bourrées de bactéries intestinales sont cultivées, à ce qu'en dit le très créatif médecin, « à partir d'une souche bactérienne de la première qualité prélevée chez un paysan bulgare ». Des comprimés de strychnine et de belladone viennent compléter l'arsenal médicamenteux censé soulager les maux d'estomac qui accablent le Führer.

À ce stade, il faut bien se résoudre à conclure cette plongée dans les tumultueuses entrailles du tyran par la question des flatulences hitlériennes. Placé aux premières loges, son majordome Heinz Linge parle d'autorité sur le sujet dans ses Mémoires. Selon ce témoignage, Adolf Hitler pouvait se contorsionner sur son siège en face de ses chefs d'état-major afin, semble-t-il, d'empêcher l'échappée des vents mauvais de la révolte intestinale. De nature complexée et pudique, le Führer n'était pas homme à prendre ses pets à la légère. Peut-être espérait-il qu'un régime sans viande atténuât la méchanceté olfactive de ses vesses. Une telle perspective fait subitement perdre de sa superbe à un végétarisme paré des nobles attributs de l'ascèse par la propagande nazie. La langue vipérine du petit Goebbels préférait passer sous silence ce monologue de l'intestin pour brosser le portrait quasi christique d'un leader suprême ayant renoncé à la bonne chère par esprit de sacrifice. Ses lubies sur le prolongement de la vie, son hypocondrie maladive et ses gaz frôlant l'atteinte aux bonnes mœurs étaient en effet soigneusement tus par le bonimenteur en chef.

La bouche la plus venimeuse du régime a gravé dans la roche l'image du « guide » désintéressé sacrifiant sa vie pour la patrie. L'ascèse hitlérienne, telle qu'elle est vendue à l'opinion publique, s'illustre de belle manière à l'heure du repas. De façon générale, la table du Führer ne se caractérise guère par l'extravagance. Sa position d'autocrate absolu lui permettrait pourtant de dorloter ses papilles gustatives sans avoir à lever le petit doigt pour que soient exaucés ses moindres caprices. Son tube digestif de nazi fanatique semble même se contracter devant les aliments trop dispendieux. Son dégoût pour ces indulgences coupables se manifeste au lendemain de la nuit des Longs Couteaux.

Au début de l'été 1934, Adolph Hitler a décidé d'éliminer le danger interne que constituent la SA et ses quatre millions de paramilitaires dont la brutalité entache sa crédibilité de chancelier démocratiquement désigné. La perspective d'un coup d'État par leur chef, Ernst Röhm, apparaît bien hypothétique, mais Goering, Himmler, Heydrich savent trouver les arguments pour convaincre Hitler du bien-fondé de la purge à venir. Il suffit de lui apporter les preuves incontestables de la « débauche homosexuelle » des chefs de la SA, le gros Ernst Röhm en tête, pour le révulser. Le luxe et les privilèges que s'octroient ces brutes épaisses suscitent chez lui un dégoût presque équivalent. Devant le Reichstag, Hitler justifiera ce coup de force de façon imagée, insistant sur la nécessité d'« abattre jusqu'à la chair vive les ulcères à la source de notre empoisonnement intérieur ».

Une fois le massacre perpétré, des mains zélées déposent sur le bureau de Hitler les menus des festins ayant flatté ces panses obscènes, celles-là mêmes que les SS de Himmler viennent d'ouvrir à coups de revolver. Ces viscères, exposés au grand jour de façon pour le moins radicale, ne renferment pas uniquement de la choucroute et de la saucisse munichoise noyées dans des hectolitres de bière. Car la haute hiérarchie de la SA s'arrogeait le droit de parler au nom du peuple sans ressentir l'obligation de manger comme lui. Les menus découverts au QG berlinois de la milice paramilitaire nazie prouvent que ces messieurs ne crachaient pas sur les produits les plus raffinés importés de l'étranger : cuisses de grenouilles, langues d'oiseaux, ailerons de requins, œufs de mouettes, vieux vins français et champagnes millésimés. À la lecture de ces réjouissances, Hitler balaie d'éventuels remords par ce propos sarcastique : « Les voilà nos révolutionnaires ! Et dire que c'est eux qui trouvaient que notre révolution allait trop lentement ! »

Sous Hitler, la cuisine allemande reste aussi légère et subtile qu'une division de Panzer. Aux fourneaux, sévissent des chefs au talent très relatif. Le maître du IIIe Reich n'a pas à son service des cuisiniers de la trempe d'un Antonin Carême ou d'un Auguste Escoffier mais d'aimables marmitons aux compétences suffisantes pour un mess d'officiers. L'intendance est confiée à un certain Arthur Kannenberg, dont le nom apparaît ici ou là dans les volumineuses biographies consacrées au Führer. Invariablement décrit comme « un petit gros » filou et jovial, l'ancien restaurateur de Berlin, passé par la Maison Brune, le quartier général du parti nazi à Munich, a suivi le patron jusqu'aux cuisines du pouvoir en 1933. Il gardera d'ailleurs les faveurs du dictateur jusqu'à la toute fin.

En charge de la table officielle et privée, « Willy » ne se contente pas d'agiter sa bedaine dans tous les sens afin de s'assurer que le Führer ne manque de rien. À l'occasion, il déplie son accordéon sur son gros ventre et pousse la chansonnette pour distraire Hitler et ses invités. Assumant le rôle officieux de bouffon du roi, Arthur Kannenberg est l'un des rares à se risquer à quelques insolences devant un Führer peu réputé pour son sens de l'autodérision. Ses numéros de comique troupier ne sont pas de très haute tenue. Mais la tablée apprécie d'autant plus le spectacle improvisé qu'il offre un peu de répit à des oreilles lassées de l'assommante logorrhée du maître des lieux.

L'intendant essaiera vainement d'éveiller le palais du Führer à des saveurs plus raffinées que les pâtes, les œufs et les patates que ce dernier engloutit mécaniquement. Les papilles du dictateur se laissent brièvement envoûter par la subtilité du caviar. Le sortilège ne dure pas longtemps. Horrifié par son prix exorbitant, Hitler en fait aussitôt une denrée *non grata* à sa table. Kannenberg revient à la charge avec des œufs d'esturgeon de moindre qualité. Mais, rien n'y fait : le coût reste trop élevé aux yeux du dictateur.

Pour justifier de telles dépenses, il faut que la table remplisse une mission politique de la plus haute importance. En septembre 1937, aucun détail n'est négligé pour recevoir en grande pompe Benito Mussolini. À grands coups de parades militaires et de foules galvanisées, Hitler tient à asseoir sa position de partenaire dominant dans cet axe Berlin-Rome officialisé un an plus tôt. Craignant de ne pouvoir offrir à son hôte d'Europe méridionale un choix suffisamment large de fruits, il affrète un avion qui rapportera des poires mûres à souhait. En apparence cordiale, cette attention cache un dessein plus brutal : le maître de l'Allemagne veut écraser son allié de sa supériorité. L'histoire ne dit pas si le leader fasciste savoura l'une de ces poires juteuses, mais le Duce regagna l'Italie terriblement impressionné par la puissance de l'Allemagne hitlérienne au côté de laquelle il engagera son pays, pour son plus grand malheur.

Hormis dans ce genre d'occasions très particulières, les drapeaux à croix gammée flottent au-dessus de banquets qui ne se distinguent guère par leur extravagance. L'ancien « artiste » de Vienne se montre plus sensible au décorum, compositions florales et décorations murales, qu'aux millésimes et aux mets. Durant les années de guerre, le petit caporal, devenu commandant suprême des armées du Reich, n'exige aucun traitement spécial. À « la Tanière du Loup », son QG camouflé dans une forêt près de Rastenburg, en Prusse-Orientale, il doit se contenter de la tambouille d'un cuisinier de collectivité surnommé « Krümel » [Miette] en raison de sa petite taille. Au-dessus de la porte de la cuisine, une affichette prévient : « Qui Krümel ne vénère, ne mérite pas le dessert ! » Planté derrière d'énormes chaudrons qui doivent nourrir deux cents officiers, le cuistot n'a ni le temps ni le talent pour agrémenter la première assiette du Reich d'une nourriture créative tenant compte de son végétarisme. Hitler se plaint d'ailleurs du manque d'originalité de cette mangeaille qui se résume souvent à l'accompagnement du plat, sans la viande ou le poisson. « Miette » a beau aduler son Führer, le régime non carné de ce dernier heurte son éthique professionnelle. N'imaginant pas une cuisine digne de ce nom sans protéines animales, le chef de cantine prend la liberté d'ajouter un trait de bouillon ou une noix de saindoux afin de relever les potages et les plats en sauce destinés au dictateur.

Alors que la victoire change progressivement de camp, les vaches deviennent de plus en plus maigres, et les assiettes allemandes de moins en moins plantureuses. La fête est finie. L'heure de « l'économie de guerre » a sonné. Chacun est rappelé à son sens du sacrifice. « Des canons plutôt que du beurre sur les tartines », martèle la propagande nazie qui incite les bonnes familles allemandes à se contenter d'un seul plat lors du repas dominical. L'économie réalisée doit contribuer à l'effort de guerre. En ces temps de privation, le Führer montre l'exemple, laissant le soin à Josef Goebbels de sortir la grosse caisse pour applaudir l'héroïque serrage de ceinture consenti par le chef suprême. Le dimanche, seule une soupière trône désormais sur la première table du Reich. Le nombre de commensaux se réduit alors comme peau de chagrin, suscitant les sarcasmes de Hitler sur l'esprit de sacrifice de ses collaborateurs. Les uns et les autres trouvent toujours une bonne raison pour échapper à la double peine d'un repas frugal assorti d'une obole patriotique.

Les clinquantes épaulettes de maréchal de Hermann Goering brillent habituellement par leur absence. Le deuxième personnage de l'État ne suit que très imparfaitement cette diète de combat. Son corps gras et son visage lourd ne témoignent pas d'efforts démesurés pour remplacer le beurre par des canons. À mesure que les ventres allemands se creusent, le sien ne cesse de grossir. Seules des photos de la Première Guerre mondiale rappellent la silhouette élancée de l'ancien as de l'aviation. Le chef de la Luftwaffe promène désormais sur tous les fronts une énorme panse que ne parviennent plus à dissimuler ses capes et ses uniformes constellés de médailles rutilantes. À la table du Führer, il se contraint à une certaine retenue et s'efforce de faire mentir sa réputation de goinfre. Mais Hitler n'est pas dupe. Quand il voit son *Reichmarschall* se resservir en asperges plutôt qu'en plats en sauces, il s'étonne de ce choix. Ironique, il imagine à haute voix la surprise des Allemands si ceux-ci découvraient que les cochons mangent non seulement des pommes de terre mais aussi des asperges.

L'économie de guerre ne gêne pas le numéro deux du Reich tant qu'elle s'applique aux autres et ne vient pas contrarier son appétit d'ogre. Lorsque le discours de Josef Goebbels sur « la guerre totale » conduit à la fermeture des restaurants de luxe et des cabarets chics de Berlin, Goering intervient pour protéger son établissement favori, le Horcher, qui flatte si agréablement son insatiable bedaine. Même en période de faste, la solidarité n'a jamais été la marque des cercles du pouvoir nazi. Le fumet âcre de la défaite agite davantage encore le panier de crabes hitlérien. En sous-main, le perfide Goebbels lance une poignée de manifestants à l'assaut du restaurant, l'obligeant à fermer ses portes. La mesquine affaire du Horcher, à l'heure où le IIIe Reich prend l'eau de toutes parts, nourrira une brouille tenace entre ces deux figures omniprésentes du régime si différentes l'une de l'autre. L'un a toujours été petit et boiteux, l'autre est devenu obèse et flasque. Nulle trace, chez ces deux frères ennemis du nazisme, de ces nez fiers, de ces mâchoires carrées, de ces muscles saillants filmés jusqu'à plus soif par Leni Riefenstahl, la réalisatrice préférée du pouvoir.

Adolf Hitler, lui-même, est-il conscient que son physique reste très éloigné du profil de l'aryen idéal sculpté par sa propre propagande ? Son rapport à l'assiette semble, en tout cas, guidé par la volonté de se rapprocher au maximum des canons esthétiques érigés par l'idéologie nazie. Pour rester maître de ses facultés mais aussi de ses formes, le Führer boit très peu d'alcool. En 1943, l'apparition d'une petite bedaine l'amène à stopper sa consommation déjà très modérée de bière. « Vous me voyez avec une brioche ? Politiquement, ce serait un désastre ! » confie-t-il à Albert Speer, son jeune architecte devenu ministre de l'Armement. Sa crainte de l'embonpoint est clairement liée à l'image de quasi-surhomme qu'il entend projeter. Tout comme le corps des rois de l'époque médiévale relevait de la mystique du pouvoir monarchique, le corps quasi sacré du Führer ne lui appartient plus totalement. Il se doit dès lors de façonner cette silhouette qu'il a offerte au peuple allemand. Préoccupé par son poids, soucieux de son image publique, Adolf Hitler essaie de se contrôler devant l'assiette sans toujours y parvenir.

Sous le IIIe Reich tout est politique, y compris les habitudes alimentaires du héros national transformé par la propagande en surhomme nietzschéen vouant sa vie entière à la patrie. « Marié » à l'Allemagne, le saint homme a opté pour le célibat. La mise modeste du grand leader est censée refléter les goûts simples d'un homme se contentant de l'essentiel. Malgré les honneurs du pouvoir, Hitler n'a jamais oublié son passé de crève-la-dalle capable de toutes les privations. Ce manger simple, ce vêtir simple, ce vivre simple d'un chef d'exception resté fidèle à ses idéaux a été la fable répétée *ad nauseam* par la propagande nazie. Le rejet de produits alimentaires aussi socialement connotés que le caviar, le homard et les grands crus doit témoigner d'un attachement loyal à la cause du peuple allemand. Le végétarisme vient compléter le portrait d'un homme ayant érigé l'ascèse en règle de vie.

Cette dimension sacrificielle du personnage semble avoir échappé aux voisins de table du Führer. À lire leurs témoignages, les commensaux du régime nazi n'ont nullement l'impression de rompre le pain avec un demi-dieu plein de sagesse et de tempérance. Au contraire, ils découvrent un maître des lieux souvent compulsif. Ne résistant jamais à l'appel du glucose, il a développé une passion quasi enfantine pour les bonbons, le chocolat, les fruits confits, les gâteaux à la pomme et à la crème qu'il engloutit sans retenue. « Aucun dictateur n'a autant aimé les sucreries », écrit à ce propos l'historien britannique Robert Payne.

Hitler est tout le contraire d'une fine gueule. Par la magie de la propagande, ce manque de raffinement va devenir une vertu. Les côtés frustes du personnage – dans ce cas précis, son peu d'appétence pour la grande cuisine et les goûts subtils – servent à la fabrication de l'image du grand serviteur du peuple guidé par l'essentiel. Concentrer les regards sur la table relativement modeste du Führer aide utilement à faire oublier son cadre de vie qui n'a, lui, absolument rien de monacal. Sa résidence d'Obersalzberg a été transformée à grands frais en un grandiose bâtiment surplombant les Alpes bavaroises. Les habitations environnantes ont été vidées de leurs occupants pour ne pas gêner sa paisible retraite. Au-dessus du Berghof s'ajoute l'extravagant « nid de l'aigle », qui a nécessité de ruineux travaux et dont Hitler se désintéresse rapidement. Quant à son « mariage » exclusif avec l'Allemagne, il s'agit pareillement d'une habile construction, Eva Braun restant cachée dans le placard des résidences officielles, bien à l'abri des regards du public.

Le tour de force de la propagande nazie aura été de concilier deux images *a priori* contradictoires : celle du personnage charismatique aux pouvoirs quasi surnaturels, et celle de l'homme modeste qui comprend le peuple. Par une astuce d'une étonnante modernité pour l'époque, la table devient un outil de communication très efficace. La « gastro-comm' » fait aujourd'hui partie du folklore d'une campagne politique : il faut prouver sa touche populaire en cassant la croûte avec les petites gens. Dans les années 1930, il est très rare qu'un homme d'État se laisse photographier à table, en dehors des banquets officiels. Servie par l'objectif du photographe Heinrich Hoffmann, la propagande tire profit de moments intimes pour humaniser Adolf Hitler se servant à même la soupière, conversant avec son voisin de table ou échangeant à bâtons rompus avec des « vrais » gens. De ces photos prises sur le vif, pour renforcer le caractère non figé et naturel de la situation, se dégage une impression de simplicité mais aussi de respectabilité. Hitler a appris à jouer sur les deux tableaux.

Arrivé au pouvoir, sur les cendres de la république de Weimar, le chancelier allemand a dû faire oublier sa réputation d'agitateur d'estaminet. Sa légitimité politique reste alors fragile. Il lui faut faire illusion, rassurer les milieux d'affaires et le vieux président du Reich, Paul von Hindenburg, qui l'a nommé chancelier sans aucun enthousiasme. L'heure n'est plus aux soirées dans les brasseries munichoises, ni aux beuglements enfiévrés ponctués de tapes enragées qui font sauter les couverts et s'entrechoquer les chopines de bière. Même s'il prétend bousculer l'ordre établi, le nouvel homme fort du pays se garde d'imprimer à la table du pouvoir ce style abrasif qui a forgé son succès. Il affiche des manières presque civiles et convenables pour faire oublier les conditions, légales mais musclées, dans lesquelles son parti s'est saisi de l'argenterie du pouvoir.

Tout comme la populace acclame ce porte-voix de la haine, la bonne société germanique se presse dans les salons de la chancellerie de Berlin où flotte l'atmosphère d'une bonne maison bourgeoise. Entre la poire et le fromage, on devise gaîment sous les lustres scintillants de la salle de réception pavoisée de drapeaux frappés de la croix gammée. Les sujets susceptibles de plomber l'atmosphère ne figurent pas au menu des jacasseries. Le régime hitlérien prend alors soin de dissimuler son visage le plus hideux sous le fatras des convenances. Le tintement du cristal et le brouhaha des causeries futiles couvrent les bruits de botte qui commencent à résonner à travers le pays. On mastique de la volaille farcie suivie d'une succulente forêt noire, on se laisse griser par les vins fins que des maîtres d'hôtel versent généreusement dans les verres, on écrase discrètement un rot dans une serviette en dentelles attendant impatiemment le passage du maître des lieux de table en table.

Parées de leurs plus belles toilettes, les épouses espèrent accrocher le regard bleu et perçant du Führer. Peut-être parviendront-elles à échanger quelques mots avec l'homme qui a remis l'Allemagne sur les rails et dont les vociférations font trembler une Europe tétanisée par la peur. Avec l'orgueil du parvenu, conjugué à la roublardise du démagogue, Adolf Hitler se prête de bonne grâce à cette comédie mondaine, papillonnant entre les tables pour distribuer des mots aimables à des dames emperlousées au bord de l'évanouissement.

Il en a fait du chemin depuis ses premiers pas dans les salons de Munich où, empêtré, mal à l'aise dans son trench-coat élimé, le « tambour » du Parti national-socialiste alternait longs silences pesants et diarrhées verbales. La haute société allemande se divertissait à l'époque en relevant perfidement tous les faux pas, les éclats de voix, les dérapages verbaux de ce drôle d'animal politique. La bête curieuse des pince-fesses est désormais l'homme fort du régime et l'objet des attentions les plus mielleuses. On ne parle plus au Führer, on mendie les quelques mots qu'il consent à vous glisser dans l'oreille. On se pâme d'avoir serré cette main de fer dont on voudrait conserver la moiteur *ad vitam æternam*. On se lève de table avec l'envie pressante d'aller raconter à la terre entière cette fabuleuse rencontre avec l'homme providentiel que l'Allemagne attendait depuis des lustres.

La nature revancharde de Hitler lui fait-elle savourer le piquant de ces cocktails où des gens bien nés se bousculent pour venir lui manger dans la main après s'être tant gaussés de ses frustes manières ? Lui, le zéro de Vienne, le soldat inconnu, le petit caporal, semble prendre un soudain plaisir à ces mondanités. Les grands aristocrates, les capitaines d'industrie, les élites intellectuelles sont désormais à ses pieds. L'heure des désastres militaires et des repas en tête à tête avec la chienne Blondi dans les bunkers n'a pas encore sonné. La somptueuse salle à manger de la chancellerie n'a pas encore été éventrée par les bombes alliées. La viande putride d'un cheval tombé sous les orgues de Staline n'a pas encore la saveur d'une friandise que s'arrachent les doigts décharnés des Berlinois. Patience. La surprise du chef suprême est à venir…

Avant de faire pleuvoir un déluge de feu sur l'Europe, le chancelier du Reich peut encore s'accorder le plaisir simple d'un déjeuner ou d'un dîner en ville. Il a son rond de serviette à l'Osteria Bavaria, son restaurant préféré à Munich où il commande inlassablement des raviolis. La présence du Führer dans cet établissement plutôt bohème suffit à provoquer un attroupement dans la rue. Les passants veulent entre-apercevoir le sauveur de l'Allemagne qui promet de les guider toujours plus loin sur la route de la croissance économique et de l'orgueil national retrouvés. Le culte de la personnalité et la propagande nazie ont fait leur œuvre : chacune des anodines sorties en ville du héros fait chavirer les foules dans un état proche de l'hystérie.

Dans une petite auberge de Hilderburgshausen, la halte surprise de Hitler et de sa suite frappe de catatonie les aubergistes. Le célèbre client n'a pourtant pas réclamé des prouesses culinaires : le ventre suprême du Reich se contentera de spaghettis et d'œufs au plat. Après une attente interminable, les aides de camp se rendent en cuisine pour comprendre les raisons du retard. Derrière les fourneaux, les nerfs des cuisinières ont tout simplement lâché… elles ne savent plus cuire des pâtes. Pendant ce temps, une foule de plusieurs milliers de femmes et d'hommes s'est massée devant l'auberge, scandant le nom du héros national. Ces petites scènes d'arrière-cuisine prêteraient à sourire si elles ne trahissaient – tout autant que les gigantesques rassemblements nazis au flambeau – l'état dans lequel fut plongé tout un peuple ensorcelé par le mirage du sauveur.

À huit cents kilomètres de Berlin, au Berghof, le refuge alpin d'Adolf Hitler, les jours heureux du nazisme s'étirent paresseusement, rythmés par des repas aux horaires erratiques. Si la ponctualité est la politesse des rois, l'adage ne s'applique visiblement pas aux tyrans. Clairement détraquée, l'horloge chronobiologique de ce grand insomniaque se répercute sur les heures de table. Le chant du coq de la ferme voisine se fait souvent entendre avant les ronflements hitlériens. Après une nuit relativement courte, le Führer se gave de lait chaud et de gruau dans sa chambre à l'heure de midi. L'hôte ne sortant de ses quartiers qu'en début d'après-midi, les invités doivent prendre leur mal en patience.

Dans l'attente du signal, les invités respirent un air d'une pureté irréprochable en admirant les cimes alpestres du fameux belvédère, lieu symbole d'un hitlérisme tranquille, presque insouciant. Certains habitués de ces repas à horaire élastique prennent leurs dispositions. Ne sachant pas si le repas commencera en début ou en milieu d'après-midi, ils avalent un en-cas à titre préventif. Pour le personnel de cuisine, cette incertitude sur l'heure de service ajoute un stress supplémentaire. La brigade doit se tenir prête à envoyer les plats dès l'irruption du dictateur dans la salle à manger. On imagine l'intendant de la maison, Arthur Kannenberg, s'épongeant abondamment un front où perle une sueur angoissée. Quand l'attente s'est prolongée au-delà du raisonnable, il doit parfois se résoudre à jeter le repas à la poubelle et à trouver une alternative, sans compter sur la moindre indulgence quant à la tenue des comptes.

Dans cette retraite bavaroise, seules les heures de table permettent d'échapper à une routine étouffante. Pour le reste, rien ne ressemble plus à une journée au Berghof qu'une autre journée au Berghof. Une fois le maître des lieux (enfin) sorti de ses appartements privés, les invités quittent l'antichambre pour se rassembler autour d'une lourde table en chêne massif d'une vingtaine de places. Les murs de la salle à manger sont lambrissés de mélèze clair et les sièges recouverts d'un maroquin rouge clair. L'intérieur se conforme au décor bourgeois rustique des grandes maisons de campagne appartenant aux riches citadins. Chaque convive trouve en face de lui une serviette placée dans un étui en papier à son nom. Des maîtres d'hôtel en gilet blanc et pantalon noir – en fait des gardes du corps SS en livrée – assurent le service, faisant défiler une porcelaine blanche assez simple. Les invités de marque ont en revanche le privilège de manger dans des assiettes en argent frappées aux armes d'Adolf Hitler. Les plats sont préparés dans une cuisine du dernier cri, avec fourneaux à gaz et équipements électriques modernes, jouxtant la salle à manger. Le déjeuner est souvent suivi d'une promenade digestive avant un rendez-vous informel en fin d'après-midi au pavillon de thé où le Führer s'empiffre de biscuits et de gâteaux.

Avant la grande conflagration planétaire, les repas au Berghof sont nimbés d'un formalisme petit-bourgeois d'où se dégage le parfum entêtant de l'ennui. Les invités sont surpris de découvrir un Führer presque indolent, aux antipodes de son image publique de leader hyperactif dur à la tâche. Il faut croire que l'esprit nonchalant et velléitaire de ses jeunes années n'a pas totalement déserté l'homme d'action éruptif qui fait désormais trembler l'Europe. L'heure de la fin du repas reste tout aussi imprévisible que le début. Pour quelqu'un de si peu gastronome, Hitler peut prolonger les agapes bien au-delà du raisonnable alors qu'on l'imaginerait plutôt comme un dîneur expéditif à la Napoléon Bonaparte. L'empereur français, que le dictateur allemand admire tant, engloutissait souvent ses plats, debout, signifiant ainsi que son temps était trop précieux pour être gaspillé.

Hitler n'associe pas la table au plaisir, si ce n'est celui de s'écouter parler. Son approche reste essentiellement fonctionnelle et dénuée de tout épicurisme. La magie sociale du repas, quand la cuisine nourrit le dialogue et l'échange, ne semble pas opérer à la table hitlérienne. Les repas sont ennuyeux et répétitifs. Tandis qu'il s'alimente, se nourrit, se goinfre mais ne savoure point, le dictateur-prophète gave ses invités d'un flot ininterrompu de paroles, d'histoires si souvent répétées que les habitués pourraient finir chacune de ses phrases. La bouche pleine, l'orateur ne s'arrête plus. En spécialiste de tout, il livre à sa cour des réflexions, qu'il veut croire essentielles, sur la beauté des Alpes bavaroises, les méfaits du tabac et de l'alcool, l'opéra, le cinéma, les bienfaits du végétarisme, le dressage des chiens, le poids idéal des femmes…

Mais son sujet de prédilection reste lui-même. Les repas à rallonge fournissent une scène idéale pour revisiter encore et toujours les chemins tortueux de sa gloire : l'enfance à coups de trique du petit Adolf, l'éveil artistique de l'adolescent Adolf, les dures années viennoises du jeune Adolf, la vie dans les tranchées du soldat Adolf, l'inexorable ascension du « tambour » Adolf... Premier admirateur de sa propre personne, Hitler ausculte son destin avec l'émerveillement de l'homme persuadé que sa naissance fut le plus beau cadeau jamais fait à l'Allemagne. Ses longues digressions autobiographiques guident parfois ses propos vers un sujet plus intime mais empreint de la même immodestie : son pouvoir de séduction sur les femmes.

Les tombereaux de lettres enflammées envoyées à la chancellerie et les scènes d'hystérie que provoquent ses apparitions publiques suscitent chez lui des interrogations existentielles sur l'attraction du pouvoir. Ces millions de femmes allemandes énamourées succombent-elles au charme envoûtant de sa personne et de son verbe ? Se laissent-elles éblouir par la virilité martiale de ce régime qu'il tient d'une main de fer ? Quelle est la part de l'individuel et le poids de l'institutionnel ? Quels sont ses mérites propres dans cet indéniable attrait qu'il exerce sur les femmes ?

Au fil des mois, Eva Braun a gagné en assurance et s'autorise des libertés qu'aucun autre commensal n'oserait prendre. Alors que l'inusable traquet de moulin déverse sur la nappe ses commentaires maintes fois entendus, la maîtresse secrète du Führer est la seule à lui rappeler que l'heure tourne. Le maître des lieux comprend alors que le moment est venu de libérer son auditoire. Une telle audace n'est pas toujours appréciée des inconditionnels soutiens du Führer, irrités de voir cette jeune femme quelconque interrompre sans cérémonie le sauveur de l'Allemagne. Mais d'autres invités savent gré à Frau Braun de sonner la fin du dîner, sachant que les monologues hitlériens peuvent s'éterniser bien au-delà de minuit.

Tels des pots de fleurs égayant une nappe trop blanche, les femmes apportent une touche de charme à la première table du Reich. Suivant un immuable cérémonial, Hitler confie à son secrétaire particulier, Martin Bormann, le soin d'accompagner à son bras Eva Braun jusqu'à la salle à manger. Elle se place habituellement à sa gauche tandis que Magda Goebbels siège religieusement à la droite du père du nazisme. Le Führer est plein d'égards pour la gent féminine. Avec une courtoisie surannée, il complimente les dames sur l'élégance de leurs toilettes, les invite à se resservir pour ne point trop maigrir, sollicite leur avis sur des sujets frivoles…

Hitler n'est pas toujours un dictateur de la parole : il laisse ses invitées librement jacasser, badiner, piailler, pépier, produire tous ces petits bruits aigus qui sortent si joliment de leurs têtes légères balayées par des courants d'air. Leur vocation première n'est-elle pas de pondre pour le Reich une armée de bébés d'une irréprochable aryanité ? À sa table, le Führer veut être diverti par des conversations féminines d'une plaisante futilité. Dans ses Mémoires, Albert Speer se souvient d'un repas durant lequel Hitler confia à haute voix à quel point il détestait être entouré de femmes d'esprit. Les dames présentes à table se voyaient ainsi complimenter pour leurs charmantes limites intellectuelles.

Par leurs bavardages, ces dignes représentantes du sexe faible fournissent une agréable toile de fond sonore d'où se détachent les voix masculines d'Adolf Hitler, de Hermann Goering, d'Albert Speer et surtout de Josef Goebbels, trop heureux de briller grâce à ses talents d'orateur. La réplique toujours fielleuse à la bouche, le ministre de la Propagande répète à table ce qu'il fait de mieux devant un micro : exécuter d'une parole venimeuse une cible facile et toute désignée. Le chef du service de presse d'Adolf Hitler, Otto Dietrich, qui ne passe pas pour l'esprit le plus vif du régime, a-t-il le malheur de confier que ses meilleures idées lui viennent toujours en prenant son bain ? Goebbels, qui tuerait père et mère pour un méchant mot, persifle aussitôt : « Vous devriez vous baigner plus souvent. »

Le coq de la basse-cour national-socialiste mesure son succès facile aux gloussements de ces dames auxquelles il plaît tant malgré son physique ingrat, sa petite taille et son pied bot. Les hommes les plus repoussants paraissent diablement attirants dans ce régime où tout repose sur la magie noire du verbe. La langue s'est imposée comme l'organe du désir, le désir sadique d'entendre des mots qui salissent, avilissent, blessent et finissent même par tuer.

À mesure que les défaites militaires s'accumulent, en particulier après la débâcle de Stalingrad en février 1943, s'évaporent le temps et l'envie de fanfaronner lors d'interminables repas. Sur le front de l'Est, dans la Tanière du Loup, les compagnons de table réguliers du Führer ne sont plus des femmes apprêtées ni des thuriféraires du régime mais de haut gradés de la Wehrmacht, plus récalcitrants. Leurs mines renfrognées masquent difficilement leurs réserves sur la conduite de plus en plus erratique de la guerre. Les insuffisances en stratégie militaire du « petit caporal » sont désormais patentes mais, débordant de colère, le Führer blâme ces « incapables » de généraux pour ses propres erreurs de commandement. Il les rend également responsables de ses violentes douleurs d'estomac. Quand la vue de ces uniformes couverts de médailles lui devient insupportable, Hitler se retire dans sa chambre pour un repas en tête à tête avec sa chienne Blondi.

Une heure plus tôt, le temps d'une digestion, les plats qui lui sont destinés ont été goûtés par une quinzaine de jeunes Allemandes des environs de Rastenburg. Le réfectoire est leur ligne de front, leur estomac le bouclier du chef suprême. Pour ces femmes réquisitionnées et affamées par la guerre, chaque bouchée a la saveur douce-amère d'une nourriture succulente et potentiellement létale. Une fois que cette chair à canon de cantine a accompli sa mission sacrificielle, le maître du pays peut se nouer une serviette autour du cou l'esprit tranquille. Aucune main judéo-bolchevique, britannique, américaine ou même allemande n'a versé du cyanure dans sa purée d'avoine ou son gâteau aux pommes.

Ces infinies précautions ne relèvent pas de la pure paranoïa : plus d'un a voulu stopper la folie meurtrière du IIIe Reich en le frappant à sa tête. Mais, chaque fois, la « chance du diable » a permis à Hitler d'échapper à la mort. Ainsi, le 20 juillet 1944, la bombe qui explose dans la salle de réunion de la Tanière du Loup épargne le Führer qui s'en sort miraculeusement avec un bras blessé, des tympans percés et des cheveux roussis. Cette tentative d'assassinat et de putsch sera suivie d'une répression cruelle et de contrôles de sécurité renforcés quant à la nourriture servie au tyran. Tous les cadeaux alimentaires envoyés par les nombreux admirateurs du Führer sont systématiquement détruits sans même avoir été testés par l'escouade des goûteuses.

Que ce soit sur le front, à la chancellerie de Berlin ou au Berghof, il n'est bien sûr pas question de laisser une main « enjuivée » s'approcher des marmites où mijotent les plats destinés au premier ventre du Reich. Même dans un État totalitaire, il arrive cependant que certains détails échappent aux services de renseignement… Marlene von Exner en sera la parfaite illustration.

La cuisinière a été embauchée au service d'Adolf Hitler en juillet 1943 en remplacement d'une certaine Frau Scharfitsel, congédiée pour chapardage de vivres. Lors d'une rencontre officielle à Salzbourg, son nom a été soufflé à l'oreille du Führer par Ion Antonescu, le chef de l'État roumain engagé au côté de l'Allemagne nazie. Il faut croire que la vie d'un estomac de dictateur n'est pas de tout repos. Durant leurs entretiens, les deux hommes ont trouvé le temps de pleurnicher sur leurs misères gastriques. Le « Conducător » ne tarit pas d'éloges sur cette jeune diététicienne viennoise qui a su enchanter son noble palais tout en apaisant son estomac dysfonctionnel. Berlin ne rechigne pas à la dépense pour s'adjoindre les services de la perle rare. Un salaire très confortable de 800 reichmarks mensuels nets d'impôts est proposé à la nouvelle recrue dont les prouesses au « piano » vont de fait enchanter les papilles hitlériennes. Hitler n'apprécie pas seulement sa cuisine mais aussi sa compagnie. La belle Viennoise ne tarde pas être invitée à sa table aux côtés de ses trois secrétaires.

Tout est pour le mieux dans le meilleur des mondes nazis jusqu'au jour où Marlene décide de convoler en justes noces avec un adjudant de la SS, la police politique du régime. Selon la procédure classique, une enquête de routine sur la bonne moralité et la pureté raciale de la future mariée est menée par le SD, le service de renseignement de la SS. C'est alors qu'est découvert le pot aux roses. Du sang juif, hérité d'une grand-mère, coule dans les veines de cette brave Autrichienne à qui l'on aurait donné la croix gammée sans confession. *Dura lex sed lex*. Adolf Hitler semble sincèrement peiné de devoir se séparer de sa cuisinière qui perd son emploi et un mari.

Lors d'un déjeuner d'adieu, le Führer explique à la jeune femme qu'il ne peut contrevenir aux lois raciales qu'il a lui-même fait adopter. Il promet cependant d'intervenir personnellement pour faire disparaître administrativement cette branche pourrie qui pollue son arbre généalogique. Ordre sera donné « d'aryaniser » la jeune femme et sa famille en leur fournissant un certificat de « pureté raciale ». Cette procédure de « purification » par voie bureaucratique illustre le caractère inepte et kafkaïen d'un système qui permet de contredire d'un trait de plume administratif la croyance fondamentale dans l'inégalité des « races ».

Faut-il y voir un énième coup fourré du visqueux Martin Bormann, dont les avances avaient été rejetées par la belle Marlene ? Le secrétaire d'Adolf Hitler ne fera pas appliquer l'ordre « d'aryanisation », s'arrangeant même pour que toute la famille perde son emploi. Alerté par l'une de ses secrétaires, le Führer intervient pour que le certificat de « pureté raciale » soit finalement délivré, sans toutefois tenir sa promesse de rétablir la cuisinière dans ses fonctions. Ce licenciement permettra à Marlene von Exner de mourir à un âge respectable au milieu des années 1990.

La femme qui lui succède n'aura pas la même chance. Constance Manziarly fait partie de ces personnages secondaires brutalement aspirés dans le trou noir de la débâcle nazie. Les très rares photos de la jeune cuisinière offrent à nos regards une tête ovale, un nez solide et le physique somme toute assez banal d'une Autrichienne de son époque. Son visage semble vouloir s'éclipser, comme s'il se préparait déjà à disparaître de la surface de la terre sans laisser de traces. Le destin d'une vie se construit par ces chemins empruntés au hasard des rencontres et des décisions plus ou moins réfléchies que l'on prend. Le labyrinthe de la brève existence de Constance Manziarly se perd dans le halo poussiéreux d'une bouche de métro sur fond de tirs d'artillerie.

Quand elle renonce à une carrière de formatrice de femmes de ménage pour se lancer dans la diététique, la jeune fille sage, née à Innsbruck en 1920, d'un père grec et d'une mère tyrolienne, ne peut se douter que les voies de la providence la mettront sur la route d'Adolf Hitler. S'intéresse-t-elle seulement au grand chambardement qui agite l'Allemagne de 1939 ? Les bruits de bottes qui menacent de précipiter le Vieux Continent dans une nouvelle guerre mondiale inquiètent-ils la jeune Constance toute à sa passion soudaine pour la cuisine végétarienne crue ? L'apprentie fait alors ses armes dans la clinique du professeur Zabel. Ce nutritionniste de renom s'inspire du régime Bircher-Benner, du nom de ce médecin suisse pionnier en recherches nutritionnelles qui a légué le muesli de céréales à la postérité. Or le médecin personnel d'Adolf Hitler, le fantasque Theo Morell, se fie aux conseils en diététique du même Dr Zabel, dont l'établissement pour curistes se situe à une dizaine de kilomètres du refuge alpin du Führer. Les pointillés du destin reliant la jeune diététicienne en apprentissage et le féroce dictateur commencent à former des droites régulières qui ne tardent pas à se croiser.

À la recherche d'une nourriture diététique laissant toute sa place aux céréales, au porridge, aux pommes, aux noix, aux fruits et aux légumes crus, Hitler calme ses angoisses d'hypocondriaque en se faisant livrer au Berghof une nourriture sortie tout droit des cuisines de la clinique du Dr Zabel. La jeune Autrichienne a désormais acquis suffisamment d'expérience pour se voir confier la lourde responsabilité de concocter des plats médicalisés destinés à apaiser les entrailles du leader suprême. Après le départ précipité de Marlene von Exner, une place est à prendre.

Constance Manziarly a fait ses preuves aux fourneaux. Elle se voit tout naturellement proposer le poste de chef personnelle du Führer.

On l'imagine à 23 ans, bon soldat du Reich, servant fièrement le maître de cet empire germanique bâti pour durer des siècles et des siècles. Supposition trompeuse… L'histoire des petites mains du pouvoir nazi ne s'écrit pas en noir et blanc. Il faut y ajouter une touche de gris, la couleur des hésitations, des incertitudes et des questionnements individuels. Avant de devenir l'une des figurantes de la sinistre comédie dramatique qui va se jouer à Berlin, Constance Manziarly tergiverse. Sa carrière commence à peine. N'a-t-elle pas encore tant de choses à apprendre à la clinique de Bischofswiesen ? La perspective de cuisiner à temps complet pour Hitler se révèle peu stimulante tant ses goûts alimentaires manquent de variété et de raffinement : pommes de terre, pâtes, mil, quark à l'huile de lin, champignons hachés, gâteaux aux pommes… Monotone, l'assiette hitlérienne étouffe la créativité des cuisiniers enrôlés à son service.

Au-delà de la table et des fourneaux, Constance Manziarly sait bien que nourrir le ventre d'un tyran dans une dictature aussi implacable n'est pas une mission anodine. En 2017, l'historien autrichien Stefan Dietrich a exhumé la correspondance secrète de la cuisinière avec sa sœur. Dans l'une de ses lettres, elle confie avoir accepté le poste sans grand enthousiasme. Quand le Führer pointe son index impérial sur sa modeste personne, peut-on prendre le risque de décliner « l'offre » sans passer aussitôt pour une ennemie du régime ? La jeune femme pressent-elle les graves dangers à venir ? Commence-t-elle à se rendre compte que l'aigle hitlérien a désormais du plomb dans l'aile et les serres émoussées ? Sans entrain excessif, Constance Manziarly se décide donc à mettre ses talents de cuisinière au service d'Adolf Hitler, encouragée par l'une des secrétaires du Führer croisée à la clinique de Bischofswiesen. « À mon grand regret, je lui ai conseillé d'accepter le poste », écrira Christa Schroeder dans ses Mémoires.

Les dés sont jetés. La diététicienne autrichienne a lié son destin à un homme qui se terre telle une bête traquée. La jeune femme le suit comme son ombre de bunker en bunker jusqu'à la destination finale : le « Führerbunker » de Berlin, devenu la capitale d'un empire qui rétrécit de jour en jour. Les fronts de l'Est et de l'Ouest, naguère distants de plus de 3 000 kilomètres, forment une tenaille que les armées allemandes ne parviennent plus à desserrer. Certains esprits caustiques trouvent la force d'en rire. Le défi logistique d'une guerre sur un double front n'est-il pas enfin réglé ? Pour défendre Berlin, il suffira bientôt de prendre le tramway…

Adolf Hitler a fait trembler le monde entier du haut de tribunes grandioses devant de vastes foules éclairées au flambeau. À partir de janvier 1945, c'est un homme vieilli, tremblotant et perdu dans ses pensées haineuses, qui se cache à huit mètres sous le jardin de la Neue Reichskanzlei, la nouvelle chancellerie du Reich. Protégé par d'épais murs anti-bombes et relié à un autre bunker construit sous le grand hall de l'ancienne chancellerie, le Führerbunker a été conçu pour résister à un déluge de feu. Il y flotte un air vicié et une atmosphère de plus en plus lourde à mesure que se rapprochent les chars soviétiques. Le complexe est composé d'une trentaine de pièces dont une petite cuisine où officie Constance Manziarly. Même si la défaite apparaît désormais inéluctable, il faut bien continuer à s'alimenter et à nourrir le chef. Avec les moyens du bord, elle élabore des menus assez rudimentaires. L'air absent, d'une main tremblante, Hitler avale mécaniquement ses repas sans se soucier des taches de gras qui maculent désormais son uniforme.

Les rats commencent à quitter le bunker à l'instar de l'intendant Arthur Kannenberg. Willy a réussi à faufiler son encombrante bedaine et sa face de lune dans l'entrelacs de couloirs pour remonter à la surface et s'éclipser sur la pointe des pieds. Direction : l'Ouest. Mieux vaut tomber entre les mains des Alliés que sous la baïonnette des bolcheviques. Calcul judicieux. Arrêté par les Américains en mai 1945, il sera relâché un an plus tard sans qu'aucune charge soit retenue contre lui. « Dénazifié », l'intendant sera embauché comme cuisinier au service de l'US Army, à Schloss Stein, une localité située près de Nuremberg. Selon certaines sources, il émigre en Amérique avant de revenir quelques années plus tard en Allemagne pour ouvrir un restaurant à Düsseldorf… sous un nom d'emprunt.

Willy a laissé derrière lui des étagères surchargées de victuailles, de conserves, de chocolats et de bons vins dans un cellier accessible par un corridor baptisé la « Kannenberg Alley ». Au crépuscule du IIIe Reich, le peuple berlinois se damnerait pour un quignon de pain, mais l'entourage du tyran peut encore noyer son angoisse dans le champagne. En revanche, le bouffon du dictateur et son piano à bretelles ne sont plus là pour égayer l'atmosphère de plus en plus lugubre. Les derniers fidèles du Führer doivent se contenter d'écouter le seul disque à disposition, *Les roses rouges te rendent heureux*… Ce succès d'avant-guerre tourne sans cesse sur le gramophone, fournissant la bande-son surréaliste d'un huis clos de moins en moins respirable.

En ce 20 avril 1945, Adolf Hitler célèbre ses cinquante-six printemps. Depuis l'accession au pouvoir du sauveur autoproclamé de l'Allemagne, l'anniversaire du grand homme a été érigé au rang de fête nationale. L'heureux du jour n'est cependant pas d'humeur à fêter la date glorieuse de sa venue sur terre. Rabat-joie, il reste calfeutré dans ses appartements et ne souhaite pas recevoir les salutations d'usage. Les hitlériens les plus enfiévrés outrepassent cependant ses instructions et tambourinent presque à la porte du Führer pour lui rendre leurs respectueux hommages. Plus enjouée que son compagnon, Eva Braun tient à marquer l'événement. Y a d'la joie dans le bunker… Il faudrait plus qu'une pluie d'acier dans le ciel de Berlin et la menace pressante d'une Armée rouge ivre de revanche pour contrarier son humeur festive. La première dame officieuse du régime s'active, papillonne, vibrionne pour organiser une soirée dansante avec buffet et champagne dans les salons de la chancellerie. Neuf jours plus tard, les bulles frissonneront et le cristal tintera à nouveau pour célébrer ses noces funèbres avec Adolf Hitler.

Constanze Manziarly n'a pas déserté sa cuisine quand tant de piliers du régime nazi ont déjà quitté le navire en perdition. Avant de se retirer dans ses quartiers, le Führer l'a pourtant invitée, de même que ses secrétaires, à fuir Berlin tant qu'il en était encore le temps. La jeune diététicienne ne saisit pas l'occasion. Ressent-elle une forme de culpabilité à l'idée d'abandonner le tyran déchu qui s'est finalement montré un patron acceptable ? Souffre-t-elle alors d'une forme de syndrome de Stockholm, elle qui, sans enthousiasme, a mis ses talents de cuisinière au service du dictateur ? La perspective d'une périlleuse course sous les bombes dans une ville qu'elle connaît si mal l'effraie-t-elle ? Attend-elle que d'autres fassent le premier pas pour s'engouffrer dans la brèche et fuir ce bunker devenu le tombeau du IIIe Reich ? Ces dilemmes ont sûrement virevolté sous le chignon de la jeune femme d'Innsbruck aspirée dans l'œil du cyclone de l'Histoire. Constance Manziarly choisit d'accomplir sa tâche aux fourneaux jusqu'à la fin.

Le dernier repas du tyran se résume à un déjeuner autour d'un dérisoire plat de spaghettis que la tablée touille sans enthousiasme. La perspective des heures difficiles à venir n'aiguise guère les appétits. Adolf Hitler se lance dans un monologue sur les dures années qui attendent le peuple allemand, incapable de se montrer à la hauteur de son génial serviteur. Cet antéchrist des temps modernes n'est pas entouré des douze apôtres du royaume maléfique qu'il voulait construire pour un millénaire. Le coq n'a pas eu besoin de beaucoup s'égosiller pour que vienne l'heure de la dispersion et du reniement… La plupart des fidèles ont déjà décampé avant cette Cène funèbre.

Ne doutant de rien, certains rêvent de devenir Führer à la place du Führer. Comme des chauves se battant pour un peigne, Goering, Himmler et d'autres s'activent en coulisses pour se saisir de la couronne d'un empire qui n'existe plus. Hitler enroule ses derniers spaghettis à la sauce tomate autour de sa fourchette, un pied déjà dans ces ténèbres où il a précipité tant de vies innocentes. Constanze Manziarly prépare un dîner pour des fantômes. Sait-elle alors que les œufs et la purée de pommes de terre en préparation ne sont qu'un leurre destiné à éviter la panique dans le bunker ? Dans l'après-midi, le pire criminel de l'Histoire a abrégé sa funeste vie au côté de son épouse devenue Eva Hitler pour quelques heures.

Que devient Constance Manziarly ? Croque-t-elle, à son tour, l'une des capsules de cyanure distribuées dans le Führerbunker ? C'est la supposition de Christa Schroeder, la secrétaire d'Adolf Hitler qui s'en est tant voulu de lui avoir conseillé d'accepter le poste. Traudl Junge suggère une fin encore plus macabre. Selon le récit de cette autre secrétaire, les derniers occupants du bunker sortent des catacombes de la Chancellerie du Reich le 2 mai 1945. Une veste de la Wehrmacht sur les épaules, Constance

Manziarly est repérée puis arrêtée par deux soldats soviétiques. La jeune femme a tout juste le temps de crier à Traudl Junge de ne pas s'inquiéter : il s'agit juste d'un contrôle de papiers… Sans résister, elle suit les deux militaires dans une station de métro. Nul ne reverra jamais la jeune cuisinière que le destin avait placée sur la route sanglante du Führer.

À sa sortie en 2004, le film *La Chute* a choqué. Son réalisateur, Oliver Hirschbiegel, se vit reprocher d'avoir dépeint un Hitler intime, désorienté, affaibli, abattu… En un mot : humain, trop humain. Toute tentative pour « humaniser » le monstre nazi reste encore difficilement acceptable. Il est moins dérangeant d'imaginer Adolf Hitler sous les traits d'un être démoniaque et d'égrener ses mille et une perversions supposées, à commencer par la moins ragoûtante d'entre elles : la coprophagie. Décrire le dictateur allemand sous les traits d'un Satan mangeur d'excréments permet de le tenir à distance de l'espèce humaine, de l'exclure de la communauté de nos semblables. Dans ce XXe siècle de tous les superlatifs dans l'horreur, Hitler reste la figure diabolique par excellence, l'incarnation d'un mal absolu qui fascine précisément parce qu'elle révulse. Pourtant l'histoire ne doit pas se regarder comme un film d'épouvante d'où surgirait un être possédé. C'est bien un homme en chair et en os qui imprégna le sol de la vieille Europe du sang et des larmes de millions de victimes innocentes.

De même se rassure-t-on en se disant qu'une œuvre aussi funeste ne peut être que le fruit d'un esprit malade. Exalté, instable, haineux, narcissique, manipulateur… Adolf Hitler l'était assurément. Mais les failles psychologiques du personnage, ses obsessions, ses peurs, ses extravagances ne permettent pas de conclure avec certitude à un déséquilibre mental. Sa conquête et son exercice du pouvoir ne relèvent pas de l'irrationnel mais procèdent bel et bien d'une stratégie froidement pensée, nourrie d'idées haineuses, simplistes mais cohérentes, qu'un enchaînement de circonstances a contribué à faire triompher.

Le peuple allemand n'a pas cédé les rênes du pouvoir à Adolf Hitler en se disant qu'il remettait son destin entre les mains d'un dangereux psychopathe bien décidé à semer la mort dans toute l'Europe. Les masses ont vu en lui un homme politique certes agressif et transgressif mais nullement un illuminé qui mènerait le pays à sa perte. Elles se sont laissé enjôler par un démagogue hors pair qui, par ses prouesses oratoires, parvint à les convaincre que ses solutions extrêmes résoudraient tous leurs problèmes et sortiraient l'Allemagne de l'ornière. Pour se faire accepter puis aduler des Allemands, Hitler a su les séduire en se présentant comme un personnage d'exception (l'homme providentiel) tout en les rassurant sur sa normalité (l'homme du peuple).

La table s'offre comme un miroir fidèle de cette personnalité aux deux visages. Le premier reflet se conforme assez bien à l'image familière que l'on tient à garder d'Adolf Hitler, celle du détraqué égocentrique habité par des obsessions hygiénistes qui le poussent à suivre un régime alimentaire iconoclaste nourri de croyances excentriques. Ses horaires de repas erratiques suivent ses incessantes sautes d'humeur et trahissent son manque d'égards pour autrui. Son approche peu raffinée des plaisirs de la table et son absorption compulsive des aliments font écho à son caractère impatient, fruste et brutal. Avec Adolf Hitler, la table cesse de remplir sa fonction sociale d'échange entre les hommes pour devenir une estrade dressée à sa propre gloire.

L'autre reflet échappe au portrait du dictateur halluciné et menaçant. Hitler peut demander le sel sans taper comme un fou furieux sur la table. Il ne fait point voler la porcelaine à la tête des serveurs si sa bouteille d'eau minérale Fachingen tarde à venir. Comme il est offusqué par le gaspillage alimentaire, ses sourcils se froncent quand les maîtres d'hôtel desservent des assiettes à moitié pleines. Il sait faire preuve d'attention et de courtoisie, en particulier à l'égard des dames, traitées avec une politesse et un paternalisme fleurant bon la naphtaline. Le maître du Reich ouvre sa table aux petites mains du régime. Les secrétaires, cuisinières, pilotes, chauffeurs, mécaniciens et officiers de sécurité ont tous eu le discutable privilège de rompre le pain avec le Führer de la grande Allemagne. Sa mégalomanie ne l'empêche pas de rechercher une certaine proximité avec ces petites gens dont il se prétend le loyal défenseur. Cet autre visage nous paraît plus difficile à accepter en ce qu'il nous éloigne du monstrueux et de l'abject.

Pourtant, afin de comprendre le succès de l'hitlérisme auprès de tout un peuple, il faut aussi prendre en compte cette apparente normalité qu'affectent le régime et son leader charismatique. La table hitlérienne illustre le flou maintenu par le pouvoir nazi concernant ses desseins les plus sombres. Si quelques postillons acidifiés par la haine s'échappent de sa bouche, Adolf Hitler évite de souiller la nappe par des propos trop graphiques sur son abominable œuvre de purification raciale et idéologique. Au cours de ses badinages dînatoires, nulle mention de ces ongles d'opposants politiques que la Gestapo arrache à la tenaille dans des sous-sols crasseux. Pas plus n'est évoqué le sort des milliers de « dégénérés mentaux » que des blouses blanches assermentées éliminent dans des cliniques mouroirs. Quant aux mots « charniers », « chambres à gaz »,

« fours crématoires », ils ne jaillissent jamais de la bouche d'Adolf Hitler ni de celle de Heinrich Himmler ou de Reinhard Heydrich, les architectes de la solution finale. Les mots salissants ne sont pas prononcés. L'horreur reste une confortable abstraction qui ne gâche pas l'appétit des convives sous les dorures du IIIe Reich.

Qui savait quoi ? Qui se doutait de quoi ? L'effrayant clair-obscur savamment entretenu par ce régime génocidaire a permis aux commensaux de la table hitlérienne de commodément se disculper. « Nous ne savions pas ! » Ainsi se résume la ligne de défense de ceux qui s'attablèrent si régulièrement avec ce despote vénéré jusqu'à la fin. Le bénéfice du doute doit, dit-on, profiter aux accusés… Par la suite, souvent pour les besoins d'un livre, cette ignorance à géométrie variable permettra aux témoins directs de revendiquer une certaine intimité avec le monstre sans devoir assumer le fardeau de la culpabilité.

Le poids de la mauvaise conscience n'encombre guère la plupart de ces Mémoires souvent écrits d'une plume étonnamment légère. Les repas au côté du tyran, ses manières de table, ses interminables monologues sont racontés par le menu. Tout y est, sauf l'essentiel. La valeur historique de ces témoignages tient précisément dans ce qui n'est pas écrit, dans le refus de se poser de dérangeantes questions sur la nature véritable du régime et de son « guide ». « Il faut avoir une longue cuillère pour souper avec le diable », recommande un vieux proverbe anglais popularisé dans l'œuvre de William Shakespeare. Encore faut-il reconnaître que l'on partage son couvert et son destin avec lui. Or bien peu d'invités à la table du Führer auront su (ou voulu) discerner les traits hideux du régime, à l'instar de tout un pays et de tout un peuple aveuglés par la fascination qu'ils éprouvaient pour leur prophète de malheur.

Nicolae Ceaușescu

Pistons, combines et relations

La table raconte une histoire que l'on peut figer dans le temps bien après que les conversations se sont tues. Les nappes ont absorbé les taches de graisse, les cadavres de bouteille se sont couchés, les cendriers ont recueilli leur content de mégots. Ces vestiges évoquent de brefs instants de vie : autour de cette table, des hommes et des femmes se sont parlé, ont ri, ont pleuré, se sont engueulés, se sont aimés… Dans les années 1960, l'artiste d'origine roumaine Daniel Spoerri capturait des instants dînatoires dans ses fameuses « tables pièges ». Pilier du mouvement des Nouveaux Réalistes, le fondateur de l'Eat-Art collait à la table les reliefs des repas laissés par les clients. Ceux-ci, contributeurs involontaires aux œuvres de Spoerri, ignoraient que les restes d'un moelleux au chocolat ou d'une tarte tatin s'élèveraient au rang de natures mortes exposées dans les musées d'art contemporain du monde entier.

Les résidents du 14 B de la rue Constantin Kiristescu à Bucarest ne se doutaient pas davantage que leurs provisions alimentaires seraient un jour « piégées ». Pour la postérité. Cet appartement témoin des années Ceaușescu est resté dans son jus. Les petits pois aussi. Sur l'étiquette à demi déchirée du bocal, le *termen de valabilitate* indique une date limite de consommation fixée au 20 juin 1989. Comme devant un tableau piège de Spoerri, l'imagination du visiteur redonne vie à ce bocal de petits pois. A-t-il été acheté après des heures de bousculade devant le grand magasin d'alimentation Leonida ? Une ménagère emmitouflée dans son fichu l'a-t-elle âprement négocié en sous-main avant de l'enfouir dans son cabas à l'abri des regards des mouchards du régime ? Les propriétaires du bocal attendaient-ils une occasion spéciale pour en verser le précieux contenu dans la casserole ? La date de péremption ne fournit aucune information définitive. Elle nous dit juste que ces petits pois de trente ans d'âge, nageant dans un liquide jaunâtre désormais toxique, ont vu le jour sous le règne de Nicolae Ceauşescu, à l'heure où sévissait « le programme de l'alimentation scientifique de la population ». C'est sous cette dictature alimentaire approuvée par la Grande Assemblée nationale que les Roumains avaient traversé la terrible décennie 1980.

Au bas du petit immeuble de la rue Constantin Kiristescu, aucune poubelle n'exhalait d'odeur de pourriture alimentaire. Trop précieuse pour être gaspillée, la nourriture finissait intégralement dans la broyeuse intestinale des résidents. Les rares jours où de la viande trônait sur la table, les os étaient astiqués comme des sous neufs par des bouches affamées. Même la carcasse ne finissait pas toujours à la poubelle. Le manque de tout poussait à la créativité. Les anthropologues appellent cela le « bricolage alimentaire ». Après avoir été bouillis, les os étaient râpés avec soin pour trouver une seconde vie dans différents plats. Les Roumains auraient été capables de cuisiner des spaghettis à la bolognaise, sans spaghettis, sans bolognaise.

Devenues introuvables, les feuilles de chou ou de vigne et la viande hachée, ingrédients traditionnels du plat national roumain le *sarmale*, étaient remplacées par des feuilles de tilleul et du salami haché. L'heure était à l'ersatz, à la vraie fausse charcuterie, au saucisson de soja, au café *nechezol*, du verbe « hennir » en roumain. Ce breuvage « bon pour les chevaux » n'avait plus qu'une lointaine parenté avec le café après l'ajout d'orge, de pois chiches et de châtaignes dans sa composition. Pour compliquer la préparation des repas, il fallait composer avec le rationnement du gaz. Dans ces appartements où la température ne devait pas dépasser les 14 degrés réglementaires, la gazinière devenait un objet de décoration quand le gaz était coupé. Il fallait alors ressortir un petit réchaud électrique interdit.

Les habitants de l'immeuble trouvaient-ils la force de rire de cette pénurie ? Comme tant de Roumains, ouvraient-ils la porte du réfrigérateur en s'écriant « Goal !!!!! », en faisant mine de célébrer un but de la sélection nationale ? Le mot *gol* signifiant « nu », « vide », « néant » en roumain… Répétaient-ils la vieille blague selon laquelle tous les grains de sable du Sahara disparaîtraient le jour où la gestion en serait confiée à Ceauşescu ? La transformation du vin en eau, la division des pains, la pêche désastreuse… l'Antéchrist de Bucarest était capable de tous ces prodiges inversés. Durant cette terrible décennie 1980, il avait réussi l'exploit de changer « le grenier de l'Europe » en un immense garde-manger vidé de ses denrées.

« L'histoire ne se répète pas, elle bégaie », aurait dit Karl Marx. En Roumanie, les mêmes causes idéologiques ont produit les mêmes effets. Comme en URSS et en république populaire de Chine, l'industrialisation à marche forcée du pays et la collectivisation des terres ont fait chuter les rendements agricoles. Ceauşescu croit dur comme fer à l'autosuffisance du pays ; il refuse dès lors les importations agroalimentaires qui, selon lui, creuseraient une dette extérieure qu'il veut empêcher à tout prix. La production domestique prend le chemin de l'étranger. Seules

les marchandises refusées à l'exportation, autant dire le bas du panier, restent en Roumanie.

Travailler plus pour manger moins… Tel aurait pu être le slogan de campagne du Conducător de la fin des années 1970 s'il avait dû se soumettre au suffrage universel. Avec leur bon sens paysan, Nicolae et Elena Ceaușescu sont arrivés à la même conclusion : leurs concitoyens mangent trop et ne travaillent pas assez dur. Quel contraste avec ces foules de travailleurs enthousiastes, disciplinés et sveltes qui les ont accueillis en Chine, en Corée du Nord, en Mongolie et au Viêtnam lors de leur mémorable tournée asiatique ! Le couple porte un regard sévère sur la jeune génération roumaine élevée dans les années 1960, ignorante des privations de la guerre et des tourments de la faim. Sans honte, ceux-ci s'empiffrent comme de gros bourgeois capitalistes obnubilés par l'assouvissement individualiste de leurs envies. Le sens de l'effort et du sacrifice leur est devenu étranger. Un dégraissage en règle de ce peuple gagné par l'indolence et la goinfrerie s'impose. Le programme de l'alimentation scientifique de la population participe à cette mise au pas de tous ces ventres sur pattes si peu soucieux de l'intérêt supérieur du pays et du parti. Après la faucille et le marteau, la fourchette et le couteau doivent contribuer à l'avènement du socialisme en Roumanie.

Le rationnement alimentaire exige une discipline de fer. Conformément au décret du Conseil d'État de la république socialiste de Roumanie en date du 10 octobre 1981, des sanctions exemplaires sont prévues « à l'encontre de tous ceux qui, par des détournements, des destructions ou des dégradations de produits agricoles du patrimoine commun, ou par le stockage de certains produits alimentaires dans des quantités supérieures aux besoins de la consommation, créent des perturbations dans l'approvisionnement et affectent les intérêts généraux des acheteurs ». La chasse aux « profiteurs » est ouverte, le marché noir et le stockage sont désormais passibles de six mois à cinq ans de prison. Les coupables tout désignés se présentent sous les traits de *koulaks* version roumaine, ces paysans réactionnaires qui retirent le pain de la bouche des citadins. Également désignés à la vindicte populaire : les travailleurs du commerce suspectés de trafic ou les cadres locaux incompétents et pourris. Tous sabotent la grande œuvre du « génie des Carpates ». Sans leurs actes antirévolutionnaires, la malnutrition n'existerait pas en Roumanie. Parfaitement dans la ligne, le journal *Actualités roumaines* a imprimé cette vérité officielle dans son édition du 21 août 1981 : « La Roumanie compte actuellement parmi les dix premières puissances du monde en ce qui concerne les calories disponibles par habitant. »

Usant de son inoxydable charabia marxiste-léniniste, le Conducător a sommé ses ministres d'expliquer le sens des sacrifices demandés aux masses populaires : « Il est nécessaire, camarades, de porter une grande attention au travail d'éducation politico-idéologique d'élévation continue de la conscience révolutionnaire, ouvrière, socialiste, des masses, du peuple ! » Si la bouillie idéologique que produit à foison la bouche bégayante du camarade pouvait remplir les assiettes, les problèmes structurels de pénurie en Roumanie seraient résolus. Mais ces propos creux ne remplissent pas des estomacs qui le sont tout autant.

Le système scientifique de rationnement alimentaire trompeté par le parti ne nourrit pas son homme, ni sa femme, ni son enfant… Comment survivre, avec les faméliques portions fixées par l'État ? Pour témoigner de la sévérité du régime auquel est soumise la population, un habitant de la ville de Brasov a envoyé sa carte de rationnement à Radio Free Europe, basée à Munich. Sur la foi de cette carte, ce Roumain anonyme a dû se contenter pour toute l'année 1987 de : 10,5 kg de sucre ; 10 litres d'huile ; 2,5 kg de farine de blé ; 8,5 kg de farine de maïs ; 8,5 kg de viande (seulement du poulet et du porc) soit 23 g par jour ; une dizaine d'œufs ; une livre de beurre.

Ces rations « scientifiques » sont accordées en échange de coupons qui n'offrent aucune garantie de remplir le cabas. Tout dépend des arrivages. Commencée dans le froid au milieu de la nuit, la longue quête de nourriture devant les magasins se solde souvent par un échec. Comment, dès lors, ne pas rire jaune quand la télévision roumaine diffuse les images du grand homme visitant des marchés aux étals surchargés. La mise en scène ne trompe plus personne, excepté peut-être l'acteur principal de cette production officielle. Que sait réellement Nicolae Ceauşescu de ces comédies fruitières et légumières auxquelles il participe ? Est-il conscient qu'avant son arrivée sur les lieux il a parfois fallu ajouter des boules de couleur en polystyrène pour simuler l'abondance ? Se prête-t-il en toute connaissance de cause à cette grotesque opération de propagande ? Se laisse-t-il duper par un entourage soucieux de lui masquer la gravité de la crise alimentaire ?

Plus tentante est cette autre explication : Nicolae Ceauşescu a basculé dans un monde parallèle où seule compte désormais l'infaillibilité de sa pensée. Les mensongères statistiques officielles deviennent le réel. Les boules rouges en polystyrène se transforment en tomates, les boules jaunes en pommes, les boules orange en oranges… La réalité doit se conformer au mensonge d'État. Il est interdit au réel de venir contredire les réalisations fantasmées du « génie des Carpates ». Se réfugier dans le déni devient dès lors une question de survie pour un régime à bout de souffle.

Mais la vraie vie, les Roumains ne la connaissent que trop bien. L'infaillible guide de la république socialiste de Roumanie a fait d'eux un peuple de mendiants qui s'abaissent à récupérer dans une feuille de papier journal un œuf frais malencontreusement tombé sur le trottoir. L'infaillible guide de la république socialiste de Roumanie a fait d'eux un peuple de filous coupant le lait avec de l'eau à chaque arrêt d'un camion-citerne se rendant à la ville. L'infaillible guide de la république socialiste de Roumanie a fait d'eux un peuple de trafiquants réduits à échanger des faveurs contre un saucisson à la texture molle, pâteuse et huileuse. Le programme de l'alimentation scientifique de la population ne les a pas seulement affamés. Le régime n'a pas seulement pris le contrôle de leur ventre. La faim justifiant tous les moyens, il les a obligés à tremper dans le liquide poisseux des arrangements douteux et des combines mesquines. Il les a avilis, et rabaissés. Pour ça et pour tant d'autres crimes, un jour Ceauşescu et sa sorcière d'épouse devront payer.

« La Grasse Matinée » de Jacques Prévert est un poème saisissant sur la faim, les injustices qu'elle crée, les obsessions qu'elle fait naître, les extrémités auxquelles elle conduit.

> « Il est terrible
> le petit bruit de l'œuf dur cassé sur un comptoir d'étain
> il est terrible ce bruit
> quand il remue dans la mémoire de l'homme qui a faim
> [...]
> quand il se regarde à six heures du matin
> dans la glace du grand magasin
> une tête couleur de poussière
> ce n'est pas sa tête pourtant qu'il regarde
> dans la vitrine de chez Potin

il s'en fout de sa tête l'homme
il n'y pense pas
il songe
il imagine une autre tête
une tête de veau par exemple
avec une sauce de vinaigre [...]
et il compte sur ses doigts un deux trois
un deux trois
cela fait trois jours qu'il n'a pas mangé
et il a beau se répéter depuis trois jours
Ça ne peut pas durer
ça dure
trois jours
trois nuits
sans manger »

À la fin, le fameux vers d'ouverture retombe, glaçant comme la lame d'un poignard. Le bruit de l'œuf cassé sur un comptoir rappelle au pauvre hère affamé qu'il a assassiné « un homme très estimé dans son quartier » pour s'offrir ce maigre repas. Un homme très détesté dans son pays a été tué au côté de son épouse les mains ligotées dans le dos contre le mur de la caserne militaire de Tărgovişte. En découvrant les images du tyran communiste abattu comme un chien, combien de Roumains ont repensé au petit bruit de l'œuf cassé sur un trottoir, qu'il fallait ramasser dans une feuille de papier journal ?

Les mille et une humiliations infligées par cette faim institutionnellement organisée n'ont jamais embué les yeux sournois de Nicolae Ceauşescu. Était-il un monstre à sang froid, un Dracula des Carpates se repaissant du sang d'une nation anémiée par des années de privation ? Sa chute brutale a alimenté les plus folles rumeurs, à commencer par de prétendues transfusions de sang de bébé destinées à revigorer l'ogre vieillissant. Jetées dans le chaudron des légendes urbaines, les caricatures de Ceauşescu buveur de sang ont fait passer au second plan la complicité de ses camarades de lutte subitement devenus ses pourfendeurs les plus impitoyables. La réalité est en fait plus banale que ce tableau fantastique du dictateur déchu dépeint sous les traits d'un digne descendant de Vlad III l'Empaleur.

La trajectoire de Nicolae Ceauşescu est celle d'un apparatchik sans envergure, légitimement complexé par son inculture et son manque de talent oratoire, à qui le communisme va permettre d'accomplir ses rêves délirants de revanche sociale. S'il faut trouver des traces de monstruosité dans la tragicomédie qui s'est jouée en Roumanie durant un quart de siècle, celles-ci logent dans la nature du système tout autant que dans la personnalité instable de l'apprenti cordonnier devenu « Danube de la pensée ». La destinée de Nicolae Ceauşescu ressemble à la fuite en avant d'un homme à qui le hasard des rencontres a fait endosser un costume bien trop ample pour ses chétives épaules. La ribambelle de titres comiquement grandiloquents dont il se pare au fil des années révèle l'insécurité d'un homme obsédé par sa flagrante illégitimité. Pour dissimuler ses criantes insuffisances, il s'accroche avec fureur à un catéchisme marxiste-léniniste qui lui a tout donné et sans lequel il ne serait rien. Tel un naufragé volontaire dérivant dans l'océan, il ne peut lâcher cette planche de salut sous peine de couler à pic.

Nicolae Ceauşescu mérite-t-il sa place dans le Panthéon des grands sociopathes de l'histoire moderne ? Sans minimiser le poids de son funeste héritage, le dictateur roumain n'apparaît pas taillé dans l'étoffe des doctrinaires prêts à faire couler des rivières de sang au nom d'une cause suprême. Les malheurs dont il accable son pays, à commencer par la malnutrition, résultent de son aveuglement idéologique mais procèdent avant tout d'une formidable incompétence. À l'inverse d'un monstre de cynisme de la trempe de Staline, Ceauşescu ne jouit pas des souffrances infligées à son peuple. La pénurie de biens alimentaires dans la Roumanie des années 1980 n'est pas une arme dirigée contre une catégorie particulière de la population. C'est l'échec d'une politique économique que Ceauşescu refuse de regarder en face. Un de ses conseillers les plus proches se souvient du regard fixe du camarade à l'arrière de sa limousine. Jamais il ne détournait la tête de la route, fuyant le spectacle des longues files d'attente s'allongeant devant les magasins sur les trottoirs de Bucarest.

Quand sont évoquées les questions de sous-alimentation, Ceauşescu minimise la dureté du régime imposé aux Roumains en se référant à son propre vécu. Que ceux-ci suivent son exemple de frugalité ! Le peuple se doute-t-il que son guide suprême se contente de modestes assiettes de tomates accompagnées de lamelles d'oignon et de fromage de chèvre ? Les enfants gâtés de l'après-guerre doivent pouvoir supporter une infime partie de ce qu'il a enduré dans sa jeunesse.

Enfant, Nicolae Ceauşescu a dû se satisfaire des maigres pitances qu'une louche parcimonieuse faisait tomber dans les assiettes. Dans la modeste maison de Scorniceşti, gros village sans âme niché au cœur de la vallée de l'Olt, la table familiale témoigne d'une vie paysanne à la dure. Il n'est certes pas question de la misère abjecte qui creuse les joues et fait saillir les os sous la peau. Les Ceauşescu ne sont pas des va-nu-pieds qui tendent leur sébile aux passants. Le père possède un peu de terrain, emploie des ouvriers agricoles. Néanmoins, les trois hectares de terres suffisent tout juste à satisfaire l'appétit du petit Nicolae et de ses neuf frères et sœurs. L'été, on commence le travail dans les champs dès les premiers rayons de soleil, le ventre vide. Il faut attendre midi avant de laper sa *ciorba*, une soupe typique de la péninsule des Balkans dominée par le goût acide du son de blé fermenté à peine adouci par les carottes, les pommes de terre, les tomates et l'oignon ajoutés dans le chaudron.

Les plats de viande et de poisson sont un luxe que l'on s'autorise rarement, comme dans la plupart des familles roumaines des années 1920. D'ailleurs, en l'absence de réfrigération, les grandes chaleurs estivales ne permettaient pas de conserver des quartiers de viande à la maison. Malgré des températures à pierre fendre, l'hiver est finalement une saison moins harassante, avec ses journées plus courtes et ses repas de fête agrémentés de morceaux de porc et de poulet.

Au début des années 1930, Ceauşescu quitte le village natal sans diplôme, sans le sou mais aussi sans regret. Le jeune cordonnier aux allures de paysan mal dégrossi découvre un Bucarest en proie à une vive agitation. La misère la plus crasse côtoie une classe bourgeoise prospère et indifférente aux inégalités sociales les plus criantes. Sur l'avenue de la Victoire, la Calea Victoriei, on baguenaude oisivement. Une fois les jambes gentiment dégourdies, la bonne société bucarestoise s'arrête à la confiserie Nestor pour siroter des cafés turcs en s'empiffrant de pâtisseries orientales et de savoureuses parts de gâteaux fourrés aux pommes, comme à Vienne et à Budapest. Le Tout-Bucarest se retrouve chez Capsa, près de l'Académie militaire, pour dîner d'esturgeon et de vin blanc. Ses maigres finances ne permettent bien évidemment pas au jeune Nicolae de goûter à ces délicatesses réservées aux gens bien nés, aux militaires d'opérette et aux affairistes de tout poil. L'observation de ces flagrantes discriminations sociales va faire naître chez Ceauşescu la flamme d'un socialisme de combat.

En 1936, ses activités d'agitateur valent au secrétaire des Jeunesses communistes de la vallée de Prahova un premier séjour en prison. En 1926, dans *Les Bourreaux*, un livre réquisitoire contre la dérive autoritaire dans les Balkans, l'écrivain français Henri Barbusse a décrit l'univers carcéral dans lequel Ceauşescu sera enfermé dix ans plus tard pour une durée de vingt-quatre mois :

> « En Roumanie, il y a une geôle spéciale pour les prisonniers politiques. C'est la prison centrale de Doftana. Elle comprend exclusivement des cachots. Les lits sont vissés aux murs. Pendant le jour on les relève et les prisonniers doivent rester debout pendant toutes les heures de la journée. La nourriture est ignoble et tous les "cellulaires" souffrent de la faim… »

Aux confins de la Sibérie, l'exilé Joseph Staline pouvait pêcher de la truite et du saumon pour se nourrir. Adolf Hitler était ressorti de la prison de Landsberg avec des kilos superflus… L'expérience carcérale de Nicolae Ceauşescu est autrement plus éprouvante pour le corps et l'esprit. Derrière les barreaux, il doit apprendre à dompter la faim, la vraie, cruelle, féroce, animale. À nouveau emprisonné en 1940, le jeune révolté endure une fois de plus la dureté des geôles dans un pays désormais dirigé par le maréchal Ion Antonescu. Allié à Adolf Hitler, le leader roumain partage la même haine indéfectible des « bolcheviks ». Transféré au camp d'internement de Târgu Jiu en 1943, Ceauşescu partage la cellule et la mangeaille infâme du futur dirigeant de la Roumanie, Gheorghe Gheorghiu-Dej. Une telle expérience commune rapproche. Dej saura s'en souvenir.

Les vents changeants de l'histoire peuvent se scruter au fond de la gamelle d'un détenu politique. Avant la défaite nazie à Stalingrad, l'administration carcérale maltraite sans vergogne les « rouges ». Les maigres rations permettent tout juste aux prisonniers de se maintenir en vie. L'inexorable avancée de l'armée soviétique amène subitement la direction du camp d'internement à améliorer les menus quotidiens des détenus communistes. Ce n'est donc pas un Ceauşescu squelettique mais un gaillard solide et ambitieux qui retrouve la liberté à la faveur du coup d'État qui renverse Ion Antonescu.

Sa proximité carcérale avec l'influent Gheorghe Gheorghiu-Dej lui fait bientôt gravir quatre à quatre les échelons du parti et du pays. Pour le nouveau ministre de l'Agriculture et son épouse Elena, d'origine tout aussi modeste que lui, il faut s'adapter au statut social et aux privilèges que confèrent ces fonctions de premier plan. Une question turlupine le couple : en bons camarades, doivent-ils partager le repas avec le personnel de maison mis à leur disposition ? Se faire servir à table comme de grands bourgeois ne contrevient-il pas à l'éthique communiste ? Heureusement, Moscou a réponse à tout. Oui, un camarade ministre doit prouver son attachement à l'abolition des classes sociales en consommant les mêmes plats que le petit personnel. Non, il ne doit pas laisser femmes de ménage, jardiniers et chauffeurs s'attabler avec lui à l'heure du dîner pour des questions de sécurité. Le repas est un moment propice aux discussions informelles et aux confidences qu'il vaut mieux garder à l'abri d'oreilles potentiellement infectées par la propagande antirévolutionnaire.

À mesure qu'ils s'habitueront aux agréments du pouvoir, les Ceauşescu s'empresseront d'oublier la première recommandation du grand frère soviétique. À quoi bon s'extirper de sa modeste condition s'il faut manger comme le petit personnel ? Ce nouveau statut social a été trop chèrement acquis pour ne pas en profiter pleinement. Du reste, le couple n'a nullement besoin de tordre les règles du parti pour s'octroyer quelques privilèges gustatifs. Le Parti communiste révolutionnaire, rebaptisé *Pile, Combinatii, Relatii* (Piston, Combines, Relations) par des esprits facétieux, a tout prévu. La nomenklatura bénéficie d'un circuit d'approvisionnement alimentaire parallèle qui lui est exclusivement réservé. La *Gospodaria de Partid*, le département de l'administration intérieure du parti, se charge de la logistique et veille à ce que la panse des apparatchiks du PCR reçoive une juste rétribution, à la hauteur des services rendus au communisme. Les fermes réservées au parti produisent des aliments de qualité supérieure qu'aucune ménagère roumaine ne pourrait rêver de faire frémir dans ses casseroles.

Les Ceauşescu ont accès à des magasins spéciaux où ni le sucre ni le chocolat ne manquent. Ils sont au diapason d'un régime dominé par le très bon vivant Gheorghe Gheorghiu-Dej. Les fêtes et les anniversaires donnent lieu à de bruyantes réjouissances. Les restaurants de plein air offrent des grillades odorantes et du vin blanc à volonté sous des tonnelles ombragées. Il faut n'avoir jamais connu les jours sans pain pour rester insensible à l'appel d'une belle table ornée de victuailles et de petits vins de pays.

Son épouse se satisfait fort bien de cette nouvelle condition. D'une jalousie maladive, Elena Ceauşescu entend bien être traitée à l'égal des autres épouses de dignitaires. À ses yeux, il n'y a que justice à être nourrie des mets les plus délicats, comme l'esturgeon, poisson de choix, moelleux et goûteux, qui a survécu à la fin de l'ancien régime.

Après 1965, année de l'accession au pouvoir de Nicolae Ceauşescu, un seul claquement de doigts suffira désormais à voir exaucés les moindres désirs très « nouveaux riches » du couple. Pour calmer des nerfs qu'éprouve durement une armée de ministres et de conseillers incapables de se hisser à la hauteur de son génie, le Conducător se fait servir du « vin jaune de Odobeşti ». Renommé pour ses crus, ce village de la Moldavie roumaine produit en très petites quantités ce vin à la couleur et à la consistance de l'huile. Quant à Elena Ceauşescu, il lui suffit de lever la main d'un geste qu'elle suppose royal pour que crépitent dans sa flûte les bulles de champagne de sa marque favorite : Cordon Rouge. Le nouveau couple régnant peut enfin savourer le doux parfum de la revanche sociale.

Durant ses vingt-cinq ans au pouvoir, le couple présidentiel collectionnera villas somptueuses, voitures de luxe et toilettes chics sans l'ombre d'une mauvaise conscience, sans y déceler la moindre contradiction avec son engagement communiste. Dans l'esprit de Nicolae et d'Elena, leurs dépenses somptuaires restent bien modestes au regard du génie que l'un et l'autre s'imaginent mettre au service du bien commun. Ce raisonnement narcissique est si bien ancré dans leur tête qu'ils n'ont aucun scrupule à agrémenter leurs assiettes d'aliments raffinés et ruineux. Mais, ils n'en abusent pas. La haute gastronomie n'envahit guère les nappes brodées de la première maison de Roumanie. On y mange bien, très bien même, en comparaison des plats qui ornent les tables des foyers roumains. Néanmoins, les Ceauşescu ne se précipitent pas sur les fruits de mer, le homard, la truffe, le caviar et les grands crus. L'enfant de la vallée de l'Olt trouve plus de réconfort devant les plats traditionnels roumains qui ont bercé sa jeunesse. Cette joie du paysan pauvre devant une nourriture abondante mais sans chichi n'a jamais quitté le maître tout-puissant de la Roumanie. Dans la villa préférée des Ceauşescu, au bord du lac de Snagov, à une trentaine de kilomètres de Bucarest, les repas baignent dans une atmosphère conviviale très éloignée du pesant protocole imposé par l'exercice des fonctions officielles. La carapace du tyran communiste n'a pas totalement recouvert l'âme rustique et populaire d'un homme qui aime se laisser aller aux plaisirs simples : les choux farcis (*sarmale*), la poule au pot, la tête de veau persillée, la salade de bœuf à la mayonnaise, le *ciorba* de poissons…

Tous ces plats du terroir s'accompagnent naturellement d'une bande-son empruntée au registre folklorique roumain. Nicolae et Elena adorent les airs du chansonnier populaire Gică Petrescu, qu'ils reprennent en chœur, bras dessus bras dessous, tandis que les bouches avinées des frères Ceaușescu braillent la chansonnette « *Spune, spune, mos batran* » (Raconte, raconte, vieillard). En tenue traditionnelle roumaine, l'indispensable *taraf* de village vient faire sautiller la tablée après les sanglantes parties de chasse à l'ours brun organisées dans les Carpates. Histoire de rire un peu, la ripaille s'accompagne de la volée que le maître des lieux, muni d'une tige souple à la main, administre gentiment sur les fesses d'un des invités allongé face contre terre.

Le 14 mai 1968, lorsque le général de Gaulle foule le sol de la Roumanie communiste, Nicolae Ceaușescu passe pour un jeune dirigeant jaloux de son indépendance à l'égard de Moscou. La suite de l'histoire prouvera qu'il s'agit d'une posture duplice destinée à arracher les faveurs de l'Ouest sans abjurer une foi marxiste-léniniste et une haine du monde capitaliste enracinées dans ses années de jeunesse. Au pied de la Caravelle française, les mots de bienvenue révèlent aussitôt le contraste saisissant entre un homme éloquent, théâtral, polyglotte, dont la stature physique souligne la grandeur, face à un apparatchik bafouillant, ennuyeux, ratatiné dans son petit mètre soixante-cinq de certitudes communistes.

Les réceptions qui s'enchaînent durant cette visite d'État vont souligner chaque fois un peu plus cette opposition de style. Mal à l'aise, le nouvel homme fort de la Roumanie ne maîtrise encore que très imparfaitement les usages et les codes dînatoires officiels. Et, à l'inverse d'un Joseph Staline, assumant pleinement, jusqu'à la grossièreté et la provocation, une forme de « voracité bolchevique », ou d'un Mao Zedong méprisant d'aussi vaines mondanités, Nicolae Ceauşescu reste prisonnier d'un entre-deux qui le paralyse, faisant de lui un dîneur hésitant et emprunté.

La table ne ment pas. Dans *Les Cent Derniers Jours*, savoureuse narration de la chute de la dictature roumaine, l'écrivain britannique Patrick Mac Guinness fait dire à l'un des ministres de Ceauşescu, observant les mauvaises manières de son collègue de l'Intérieur dans un luxueux restaurant : « On peut abolir les différences de classe, mais curieusement, elles ressortent toujours à table… » Il en est de même pour Ceauşescu, qui peine à se débarrasser de son habitus paysan. Que faire de ses mains quand elles ont pris le pli d'aller piocher la nourriture directement dans l'assiette ? Devant de Gaulle, le leader de la république socialiste de Roumanie cherche à leur faire suivre une conduite plus protocolaire. Pour occuper ses dix doigts, il réorganise nerveusement son couvert, repousse les verres, introduit un coin de sa serviette sous son assiette pour ménager la nappe, gardant l'autre près de son gilet pour le protéger. Entre deux bouchées, il pose ses couverts de chaque côté de son assiette.

La présence à sa table d'un invité si prestigieux flatte son orgueil d'enfant du peuple arrivé au sommet. Elle lui fait craindre aussi d'exposer ses limites dans l'art délicat de la commensalité diplomatique. Les repas du parti, où l'on débite la *doxa* communiste comme des chapelets de saucisse, ne l'ont guère familiarisé avec ces situations où l'on devise gaîment en maniant les couverts à poisson. Que faire de sa bouche quand celle-ci ne s'ouvre d'ordinaire que pour marteler des vérités officielles inspirées des saintes écritures de Karl Marx ?

Placée aux premières loges, l'interprète du général de Gaulle, la Franco-Roumaine Sanda Stolojan, a perçu tout le stress qui mine le maître des lieux :

> « La présence du général de Gaulle l'impressionnait, il devait se dominer pour garder son sang-froid. Ceauşescu ignorait l'usage de la conversation à table. Il n'adressa jamais la parole à Mme de Gaulle. Il jetait de temps en temps un coup d'œil par-dessus l'épaule, m'apercevait, ce qui provoquait chez lui un certain agacement ou une certaine gêne ; il posait alors son coude sur la table et se carrait, le dos tourné vers Mme de Gaulle. »

Lors d'un déjeuner au Conseil d'État, une dizaine d'hôtes de marque sont assis en rang d'oignons. Alors que s'installe un silence légèrement pesant, le général de Gaulle cherche à briser la glace à coups de questions anodines sur la capitale roumaine : « Combien y a-t-il d'habitants à Bucarest ? Quelle hauteur ont les maisons ? Qui construit ? Avec quels crédits ? Quels sont les moyens de transport ? Y a-t-il un métro ? » Le chef de l'État français ne se doute pas que son avalanche de points d'interrogation chatouille la nature paranoïaque d'un homme politiquement éduqué dans la méfiance instinctive des puissances occidentales.

Histoire de mettre tout le monde à son aise, le général cherche à inclure la première dame de Roumanie dans l'échange. En bon militaire, il lui adresse des questions de bonnes femmes. « Qu'y a-t-il comme plat roumain typique ? » La réponse d'Elena Ceauşescu n'est guère engageante : « Cela dépend, il y en a beaucoup… – Est-ce plutôt des rôtis ou des ragoûts ? – Des ragoûts, oui », acquiesce Elena Ceauşescu. Le général veut maintenant en savoir plus sur… la polenta. « Mais dans la polenta, on met bien quelque chose ? » Après un bref aparté avec Nicolae Ceauşescu, le général revient à la charge :

> « Mais on la mange bien avec quelque chose ?
> – Oui, oui, avec du beurre, du fromage…
> – Avec du lait aussi ?
> – Avec du lait à côté, oui… »

Tout comme son mari, Elena Ceauşescu peine à s'adapter à ces conversations de salon. Son parcours de paysanne nourrie au bon grain du marxisme-léninisme ne l'a pas plus préparée à ces mondanités bourgeoises. Elle préfère s'en tenir à des réponses monosyllabiques. Son instinct révolutionnaire l'incite à se méfier… Même si ce vieux général rebelle refuse de s'aplaventrir devant ces cochons d'impérialistes américains, mieux vaut rester sur ses gardes et en dire le minimum. Les babillages de salle à manger sont probablement l'une de ces ruses de cobras capitalistes pour anesthésier la proie avant de l'attaquer. Pourquoi diable un chef de l'État occidental se passionnerait-il pour la polenta roumaine à l'heure où la France sombre dans la révolte et l'anarchie ? Si piège il y a, que l'on ne compte pas sur la camarade Ceauşescu pour y tomber à pieds joints.

Repas après repas, elle ne perd pas un mot des questions indiscrètes de la délégation française sur le peuple roumain, sur Bucarest, la Bessarabie, les Tsiganes… Avec son air de ne pas y toucher, Mme Couve de Murville tente de tirer les vers du nez à ses voisins de table. Sans doute son mari, ce ministre des Affaires étrangères plein de morgue, lui souffle-t-il les questions. Qu'a-t-il donc, celui-là, à venir fourrer son vilain nez et sa chevelure de laitue flétrie dans les affaires intérieures de la république socialiste de Roumanie ? À croire qu'il souhaite être mieux renseigné que la Securitate sur ce qui se passe dans les foyers roumains ! Du coin de l'œil, elle voit bien que son « Nick » se tient lui aussi sur ses gardes. Lors d'un repas, il a rapidement coupé court aux caquetages insensés sur l'origine ethnique des Tsiganes en haussant les épaules. « Povesti » (des blagues), a-t-il tranché pour que la discussion ne dérive pas davantage sur des sentiers glissants.

Dieu merci, l'animation musicale aide à esquiver les questions inquisitoriales et à déjouer les stratagèmes des espions venus de l'Ouest. Au déjeuner du Conseil d'État, on écoute le *taraf*, l'orchestre de musique locale placé dans une loge, tandis que des *guristes*, de jeunes chanteuses du cru, se succèdent en costume national et en robes longues pour entonner des refrains populaires (« Holà, les petites brebis ! », « L'Alouette »), suivis de *doinas* joués à la flûte par des hommes vêtus en costume national.

Sur la table, les bouquets de fleurs arborent les couleurs nationales françaises, tout comme les supports de glace sur lesquels trône le caviar. Hommage musical à la France éternelle, un crooner roumain tout endimanché enchaîne des standards surannés : « Parlez-moi d'amour », « Paris, reine du monde », « Madame la Marquise », « Sous les ponts de Paris ». Tante Yvonne apprécie l'attention et applaudit du bout des doigts.

Lors du dîner officiel au Minerva, un vieux restaurant bucarestois décoré à l'ancienne, avec ses plafonds à caissons richement peints et dorés, les invités subissent d'interminables chants folkloriques, vissés sur leurs chaises en peluche bordeaux disposées autour d'une table en U. Des Olténiennes assez piquantes, coiffées avec des nattes, et des garçons en costume brodé se relaient pour entonner des *leitmotive* où il est notamment question de *frunza verde* (la « verte feuille »). Le général de Gaulle a chaussé ses lunettes à double foyer et, en homme de devoir, fait mine de s'intéresser à la chanson roumaine.

Lors d'un déjeuner de campagne au milieu d'un joli parc, à Miceşti, situé à 130 kilomètres au nord de Bucarest, la délégation française se voit offrir des plats typiquement roumains : choux farcis, poisson en saumure, polenta, pâtés de fromage, brochette. Un orchestre tsigane accompagne les agapes champêtres, enveloppant la tablée du bruit strident et entêtant des instruments : violon, flûte, tympanon, cornemuse… « Quel chahut ! » s'exclame un haut dignitaire français, visiblement éprouvé par cet incessant tohu-bohu folklorique. À chaque fois que l'orchestre reprend en fanfare, Maurice Couve de Murville, surpris, sursaute légèrement.

Durant cette tournée triomphale du président français en Olténie, région historique du sud-ouest de la Roumanie, Nicolae Ceauşescu a réservé une petite surprise à son illustre invité. Le convoi officiel s'arrête soudainement aux abords d'une forêt pour une collation. Cette pause non inscrite au programme n'est pas du goût du général, très à cheval sur le protocole et amateur de visites d'État tracées au cordeau. Dans la clairière de la forêt, les convives sont invités à prendre place autour de tables et de sièges rustiques sculptés dans des troncs d'arbres. Des oiseaux empaillés ont été accrochés aux arbres pour renforcer le caractère bucolique de l'instant, à moins qu'il ne s'agisse d'y dissimuler les micros de la Securitate. Sur les napperons en tissu, des corbeilles de fruits et de gâteaux sont à disposition, tandis que des serveurs en livrée virevoltent entre les arbres, les bras encombrés de plateaux argentés. Une photo a immortalisé cet instant où le général se saisit d'un verre de vin rouge, les traits tirés, l'air sombre, comme perdu dans ses pensées…

Le vieux président a refusé de céder à « la chienlit ». Malgré la révolte étudiante qui gagne toute la France à la vitesse d'un feu de forêt, de Gaulle a maintenu sa visite d'État programmée de longue date. Un de ses conseillers vient-il de lui glisser les dernières nouvelles en provenance du Quartier latin ? C'est habituellement la lecture qui est faite de cette scène. Le général de Gaulle semble avoir la tête ailleurs, à 2 300 kilomètres de là, dans cette France en ébullition qui réclame sa démission. Bien loin en tout cas de cette clairière où l'on accroche aux branches des oiseaux empaillés.

Quel sens donner à l'expression de ce visage capturée sur le vif ? La gravité ? L'inquiétude ? La lassitude ? La détermination ? L'instant est censé illustrer la solitude d'un pouvoir gaullien qui vacille. Photo trompeuse ? Mihai Sturdza, l'un des deux interprètes franco-roumains présent sur les lieux, suggère une lecture moins tragique mais tout aussi surréaliste de la scène. La moue de de Gaulle trahirait davantage une pointe d'agacement envers le mauvais drôle se tenant à sa gauche sur un rondin de bois. Ceauşescu vient de l'inviter à se lever pour effectuer l'une de ces danses locales où les hommes et les femmes forment des rondes.

Un orchestre tsigane se tient en embuscade derrière les arbres, prêt à faire miauler les violons, les flûtes et les bombardes. L'incongruité de l'invitation dénote chez le dictateur roumain un manque patent de finesse. Qui imagine le général de Gaulle formant une folle farandole avec sa femme Yvonne et le couple Ceauşescu, levant gaîment les bras au ciel au rythme endiablé d'une ritournelle tsigane à l'heure où la France bascule dans la grève générale ? Sur un ton bourru, le président français décline l'offre du farfadet communiste à qui les premières notes d'une musique folklorique roumaine semblent donner des fourmis dans les jambes.

L'atmosphère d'un repas champêtre rend d'humeur joviale un dictateur que les archives filmées nous ont habitués à voir sous des couleurs moins plaisantes. Les images en noir et blanc du Ceauşescu des années 1960 le montrent nerveux, gauche, manquant terriblement de naturel et d'assurance. Les images VHS aux couleurs baveuses, si typiques des années 1980, présentent un tyran à la gestuelle cassante, au regard noir et menaçant. Vingt ans après la mort du dictateur, le film du réalisateur roumain Andrei Ujică, *L'Autobiographie de Nicolae Ceauşescu* (2010), a dévoilé un autre visage du despote communiste, en apparence plus intime, en exhumant des centaines d'heures d'archives officielles destinées à humaniser le « Danube de la pensée ». L'astucieux montage du cinéaste retourne l'arme de la propagande contre le pouvoir, soulignant la nature ubuesque d'un régime au sommet duquel s'agite un étrange petit homme aux lèvres fines et sévères, dessinées pour délivrer un indigeste charabia marxiste-léniniste. Mais cette bouche tyrannique sait aussi boire, rire et chanter à l'occasion de repas de famille que les caméras officielles filment avec complaisance pour l'usage privé du couple.

Dans des décors campagnards, au milieu des siens, qu'il semble heureux et détendu, ce Conducător ! Vêtu d'un pull-over, d'un tricot de corps ou en bras de chemise, Ceauşescu peut s'affranchir alors de la peur d'être démasqué par un geste ou une attitude malheureuse lors des cérémonies officielles. En bon père de famille roumain, il peut s'autoriser à piocher à même le plat et à écluser quelques verres de vin, lui qui d'ordinaire étale son abstinence. Il se laisse aller à des élans de tendresse insoupçonnables chez cet homme prisonnier de son costume d'apparatchik. Cet animal politique à sang froid renfermerait-il un cœur capable de s'animer à la faveur d'un repas de famille ?

Sous l'objectif de la caméra, Ceauşescu pose un tendre baiser sur le front de sa fille Zoïa. Le malaise à peine perceptible de l'étudiante en mathématiques n'est peut-être pas seulement dû aux débordements publics de son père. Un autre étalage, le défilé des assiettes trop remplies, titille probablement la mauvaise conscience de celle qui n'ignore plus les mensonges officiels répétés par ses parents. Son premier petit ami l'a exfiltrée du ghetto doré dans lequel l'enfermait sa mère, lui ouvrant les yeux sur les interminables queues de Roumains affamés devant les portes de magasins à demi vides.

Certains estomacs sont moins fragiles que d'autres. Celui du frère cadet n'est aucunement indisposé par les souffrances qu'impose son clan à tout un peuple. Parfait archétype du fils de dictateur bon à rien et mauvais en tout, Nicu Ceauşescu cumule tous les défauts. Dans les régimes totalitaires, l'oisiveté, l'ignorance, la brutalité, l'obscénité, l'alcoolisme, l'addiction aux jeux n'ayant jamais rendu un candidat inapte à la succession, le fils chéri d'Elena est promis à un bel avenir politique. En attendant d'hériter de la couronne, le ministre de la Jeunesse tue le temps en flambant l'argent détourné, en courant des jupons terrorisés et en s'imbibant au dernier degré. Ses efforts seront récompensés par une cirrhose du foie qui l'emportera en 1996 à l'âge de 45 ans.

Dans son livre *Horizons rouges*, l'ancien chef des services secrets Ion Pacepa donne un aperçu des frasques dont se montre capable Nicu Ceauşescu, « le fils le plus haï du génie des Carpates ». La scène se déroule chez le tout nouveau ministre des Affaires étrangères, Ştefan Andrei, qui fête ce soir-là sa promotion à la tête de la diplomatie roumaine. « Quand mon vieux aura clamsé et que la vieille l'aura rejoint, je vous nommerai Premier ministre », lui promet le fils du camarade, déjà passablement aviné.

> « Un garçon entra dans la pièce, portant un plateau d'argent chargé d'huîtres.
> "Pose-les là, ordonna Nicu en désignant le centre de la table. Ont-elles été préparées ?
> – Elles viennent d'être ouvertes à l'instant, camarade Nicu.
> – Elles doivent être assaisonnées, crétin ! Nous ne sommes pas dans un bordel, ici, nous sommes dans un club de VIP !" »

Avec précautions, il parvint à se mettre debout sur la table et se mit à uriner sur les huîtres, prenant soin que chacune reçoive sa part d'assaisonnement.

La soirée s'acheva vers trois heures du matin, les hauts dignitaires regagnant d'un pas mal assuré la limousine avec chauffeur qui les attendait à l'extérieur de la résidence du parti.

> « Lorsque nous quittâmes la pièce, Nicu était agrippé à une serveuse au corsage déchiré qu'il essayait de renverser parmi les assiettes sales.
> "Je veux te baiser là, sur cette table, petite putain !" »

Le livre réquisitoire du général Pacepa a fait sensation à sa parution aux États-Unis en 1987. Chaque ligne, écrite par celui qui fut non seulement le chef des services secrets mais aussi la plume de Ceauşescu, cingle comme une gifle à la face du dictateur que le « repenti » a servi fidèlement pendant vingt ans, avant de fuir en Amérique. Dans son brûlot, le plus éminent des transfuges roumains livre par brassées entières des anecdotes où la bêtise le dispute à la méchanceté.

Lors d'une visite officielle aux États-Unis, Rosalynn Carter offre un déjeuner en l'honneur d'Elena Ceaușescu convaincue que « la camarade académicienne, docteur, ingénieur », bardée de diplômes bidons, est réellement une sommité internationale dans le domaine de la chimie. Pour flatter l'orgueil scientifique de son invitée, la première dame américaine a organisé le repas dans une salle du Musée national d'histoire et de technologie. Loin d'être touchée par l'attention, l'ancienne ouvrière quasi analphabète s'en offusque, persuadée que Rosalynn Carter cherche à l'écraser de sa condescendance :

> « Non mais, regardez-moi cette espèce de cacahouète ! Elle croit peut-être que je n'ai jamais vu un musée de ma vie ! Quelle bêtise ! Un déjeuner présidentiel dans un musée ! J'espère qu'elle ne va pas nous servir du dinosaure pané ! »

Dans l'esprit paranoïaque de Nicolae Ceaușescu, la table est lourde de menaces. Persuadé que les Soviétiques ont tué son prédécesseur à petit feu, à coups de radiations toxiques, il se méfie du contenu de son assiette. Il revient à un ingénieur chimiste de formation de protéger le camarade contre tout risque d'empoisonnement ou de contamination chimique, radioactive ou bactériologique. Le major Nicolae Popa analyse les repas du dictateur dans un laboratoire de campagne qui le suit à chacun de ses déplacements à l'étranger.

Cet homme de confiance supervise la nourriture présidentielle transportée de Roumanie dans des bacs scellés, réfrigérés, contenant aussi bien des éléments de base, comme le beurre, la farine, le sel, l'huile, le vinaigre que les steaks favoris de Ceaușescu. C'est sous le regard inquisiteur de Popa que le chef, roumain, prépare les repas dans les cuisines du palace où réside le président durant son séjour. Une fois prêts, les plats sont chargés sur une table roulante spécialement conçue pour les voyages hors des frontières. Celle-ci est ensuite fermée à clé grâce à une combinaison sans cesse renouvelée. La table prend la direction de la suite présidentielle sous escorte militaire. Suivant un rituel immuable, elle est ouverte dans la salle à manger en l'absence de toute personne étrangère. Seul le valet sera autorisé à toucher la nourriture pour le service.

Avec l'âge, la méfiance alimentaire de Ceauşescu ne cesse de croître. Suivant les dires du général Pacepa, il finira par ne plus manger les plats s'ils ne sont pas cuisinés par son propre chef, goûtés par son service de protection, servis par son maître d'hôtel. Dès lors, le dictateur roumain recourt à des stratagèmes chaplinesques pour ne pas absorber une nourriture potentiellement traîtresse. « Lorsqu'il se trouvait à l'étranger, il était devenu très habile dans la manière de faire semblant de manger, laissant tomber ses aliments sous la table et les repoussant du pied aussi loin de lui qu'il le pouvait », écrit Ion Pacepa dans son livre *Horizons rouges*.

Les souvenirs des serviteurs zélés d'un régime, devenus ses opposants les plus farouches, doivent cependant se lire d'un œil critique. Avec la foi des convertis, ils tendent naturellement à noircir le tableau pour mieux justifier leur défection. Encore aujourd'hui, l'ancien chef des services secrets roumains est accusé dans son pays natal d'avoir épicé avec bien trop d'entrain son livre confession, pour des raisons à la fois mercantiles et politiques. Passé à l'Ouest en 1978, cet ancien haut dignitaire était devenu le meilleur informateur de la CIA sur le pouvoir communiste en Roumanie. Son livre s'inscrivait dès lors dans une démarche assez évidente de déstabilisation d'un régime qui avait perdu les faveurs du « monde libre ».

Avérées, exagérées ou inventées de toutes pièces, les nombreuses anecdotes de cuisine qui truffent le récit de Pacepa prouvent, au bas mot, que le discrédit par la table reste un levier de propagande très puissant. Avec gourmandise, l'auteur brosse le portrait d'une autocratie se gavant outrageusement sur le dos d'un peuple dont elle prétendait servir les intérêts.

Les outrances dînatoires de Nicu Ceauşescu, sur fond de disette endémique, illustrent à merveille les dérives népotiques d'une famille régnante ne se refusant aucun caprice. Le savoir-manger faisant partie du savoir-vivre, Ion Pacepa capte dans son récit ces instants de table censés prouver l'inculture et l'inadéquation sociale d'un couple de parvenus portés au pouvoir par les vents accidentels de l'Histoire. La paranoïa alimentaire de Nicolae Ceauşescu raconte enfin la folie d'un homme si convaincu de son importance planétaire qu'il imagina les grandes puissances de l'Est comme de l'Ouest œuvrant constamment dans l'ombre pour l'éliminer.

Le 21 décembre 1989, du balcon du Comité central du Parti communiste roumain, Nicolae Ceauşescu entend les cris hostiles qui s'élèvent de la foule en contrebas. Bonnet d'astrakan vissé sur la tête, le camarade tente en vain de couvrir la clameur de sa voix autoritaire. Mais sa voix, trésor national chargé depuis des années de marteler les vérités du communisme scientifique, le lâche au mauvais moment. Il prenait pourtant grand soin de ses cordes vocales, évitant les boissons fraîches et les glaçons susceptibles de les fragiliser.

Nicolae Ceauşescu se surveille. À 71 ans, il a encore tant à offrir aux Roumains et à l'humanité tout entière ! Son ventre de Conducător autrefois rebondi a fondu comme beurre au soleil. Son visage émacié et sa silhouette débarrassée des kilos superflus témoignent d'une tempérance rendue nécessaire par son état de santé. Le chef de l'État se soumet à une diète au trébuchet pour repousser les attaques d'un méchant diabète qui s'est sournoisement infiltré dans ses veines. Il observe une hygiène de vie quasi maniaque. Le 22 décembre 1989, lorsque le luxueux palais du Printemps est envahi par une foule vengeresse, quatre pèse-personnes seront découverts dans la salle de bains du dictateur déchu. Sur les menus dactylographiés retrouvés en cuisine, sont soigneusement annotées les calories correspondant aux mousselines de légumes et aux compotes de fruits destinées aux maîtres des lieux. Le métalangage de l'alimentation, avec ses protéines, ses glucides, ses lipides et ses matières grasses, a imposé sa grammaire à la table des Ceauşescu. Chacun des ingrédients de ses plats est pesé au gramme près. La diététique a pris le pas sur le plaisir simple du repas. Le dictateur ne mange plus, il se soigne.

Se soigner pour durer. Se soigner pour que le peuple puisse profiter de son règne encore quelques années. La veille de sa mort, Ceauşescu n'a pas voulu manger le gras de porc qu'on lui a servi. Il continue d'observer scrupuleusement son régime sans se douter que son sort est déjà scellé. Les cris de protestation de la foule, la fuite en hélicoptère, l'arrestation en rase campagne… tout est allé trop vite pour comprendre. Dans quelques heures, au terme d'une parodie de procès, son règne s'achèvera contre un mur, dans la poussière d'une cour de caserne militaire.

Joseph Staline

Pourquoi ne passez-vous pas chez moi prendre un verre ?

Joseph Staline a levé un premier verre de vodka à la santé du Führer de la Grande Allemagne. L'interprète glisse dans l'oreille d'Adolf Hitler la traduction simultanée de l'hommage du soviétisme au nazisme. D'un hochement de tête nerveux, le dictateur allemand a écouté les paroles louangeuses de son hôte, un sourire teinté d'ironie aux lèvres. Se faire tresser des lauriers par le héraut du bolchevisme – cette idéologie malfaisante qu'il s'est juré de détruire – ne manque pas de sel. Cinq minutes ne se sont pas écoulées depuis le verre précédent que déjà le maître du Kremlin en brandit un autre pour célébrer l'amitié entre les peuples. Les rumeurs d'un rapprochement Berlin-Moscou font trembler d'effroi les capitales occidentales, même si la perspective de cette union contre-nature apparaît encore trop irréelle pour que les chancelleries prennent la menace au sérieux.

Un troisième toast a suivi, cette fois en l'honneur des architectes de ce pacte de non-agression âprement négocié dans le plus grand secret. En entendant son nom jaillir de la bouche de Staline, Ribbentrop s'est redressé sur son siège, torse bombé. Avec sa vanité naturelle, le ministre des Affaires étrangères du Reich se prend pour le plus fin esprit de la diplomatie. À l'inverse, le fidèle Molotov a vidé son verre d'un trait, recevant le compliment sans ciller. En bon camarade, n'a-t-il pas seulement accompli son devoir au service de la grande Union soviétique et du non moins grand Joseph Staline ?

Trahissant des signes d'impatience, Adolf Hitler semble redouter un quatrième toast. Il a avalé son premier verre de vodka avec un air pincé, puis le deuxième avec une grimace de dégoût. Pour le troisième, il s'est contenté de tremper ses lèvres, reposant sur la table un verre rempli aux trois quarts. Personne ne contraindra le guide suprême de l'Allemagne nazie à absorber un autre verre de ce tord-boyaux, dont la consommation excessive est à ses yeux l'un des premiers symptômes de la dégénérescence des Slaves.

Joseph Staline s'amuse de la situation en se lissant les moustaches d'un geste patelin. Il observe du coin de l'œil les tics nerveux de son invité. Il a toujours considéré l'alcool comme un détecteur de mensonges infaillible aidant à mieux cerner les intentions véritables de ses interlocuteurs. Le Géorgien ne recourt pourtant pas à l'un de ses habituels stratagèmes de table. Il n'a nullement l'intention ni l'espoir de saouler Hitler pour découvrir le fond de sa pensée. Il n'ignore rien de l'aversion du dictateur germanique pour les alcools forts. Le petit jeu des toasts consiste plus modestement à tester le caractère de son invité. L'agité de Berlin parviendra-t-il à garder ce sang-froid qui, dit-on, l'abandonne à la moindre contrariété ? Le geste brusque avec lequel Hitler a reposé son troisième verre semble annoncer une éruption volcanique.

Si l'alcool a pour vertu de délier les langues, celle du despote allemand n'a nul besoin d'un remontant pour s'agiter dans tous les sens. À ses côtés, l'interprète peine à suivre les tirades hitlériennes débitées à la vitesse d'une mitraillette. La diarrhée verbale du leader nazi éclabousse les murs du salon rouge, la plus imposante salle de réception du Kremlin qui fait passer la salle à manger de la chancellerie berlinoise pour un aimable vestibule.

Hitler tient fermement le crachoir comme pour empêcher les temps morts propices à de nouveaux toasts. La cuisine russe est appétissante. Dûment informé des goûts alimentaires de son hôte, Staline a fait préparer une grande variété de plats végétariens que le Fürher aurait volontiers honorés en d'autres lieux et en d'autres circonstances. Mais, comment se fier aux mains perfides de ses nouveaux « alliés », des Slaves, des êtres inférieurs qui encombrent de leur présence l'espace vital de la Grande Allemagne ? Le jour venu, il reviendra au Kremlin et s'installera sous les dorures du palais pour dîner à sa guise, non plus en invité mais en maître des lieux.

Un tel repas au sommet n'a jamais eu lieu. Les deux plus grands dictateurs du XXe siècle ne se sont pas rencontrés pour signer le pacte germano-soviétique qui allait prendre le monde par surprise le 23 août 1939. Cette uchronie dînatoire n'est pourtant pas si éloignée de la réalité historique. Un dîner présidé par Staline, recevant dignement la délégation nazie conduite par Joachim von Ribbentrop, s'est bien tenu au Kremlin pour célébrer le pacte de non-agression entre les deux puissances. La multitude de toasts sous lesquels les dirigeants soviétiques noyèrent les envoyés du Führer avait cet arrière-goût de fausse convivialité. Car tout oppose les deux alliés de circonstance. Staline et Hitler savent pertinemment qu'ils signent un marché de dupes, mais l'un et l'autre poursuivent le même objectif : gagner du temps avant l'affrontement final.

En novembre 1940, alors que se délite le pacte Molotov-Ribbentrop, une dernière confrontation a lieu entre les deux régimes, cette fois à Berlin. Fort de ses victoires militaires, Adolf Hitler est au sommet de sa gloire lorsqu'il accueille la délégation soviétique présidée par le bras droit de Staline, l'indispensable Viatcheslav Molotov. Il s'agit d'évoquer une éventuelle entrée de l'URSS dans les forces de l'Axe. Lors de ces pourparlers qui ne déboucheront sur rien, la brochette de dignitaires russes est invitée à la table du Führer. Adolf Hitler s'est bien gardé de mettre les petits plats dans les grands. La frugalité du repas – consommé de bœuf, faisan et salade de fruits – déçoit les invités habitués à voir leurs panses d'apparatchiks traitées avec plus d'égards. « Comme nous sommes en guerre et que mon peuple ne boit pas de café, je m'abstiens d'en boire », explique Adolf Hitler, précisant aussi qu'il ne fume pas et ne boit pas d'alcool. En somme, la parfaite antithèse de Joseph Staline.

L'enfant de Géorgie, le fumeur compulsif, le grand buveur, l'amateur de bonne chère, croque la vie à pleines dents sans une once de mauvaise conscience. Faire maigre par solidarité avec la nation relèverait de la sensiblerie. La Grande Famine de 1932-1933, organisée dans les campagnes au nom de la « dékoulakisation » et de la collectivisation des terres, ne lui a jamais ôté l'appétit. La mort de millions d'« ennemis de l'État » l'aurait plutôt aiguisé. L'étendue du pouvoir d'un dictateur ne se mesure-t-elle pas à la capacité qu'il a de s'affranchir de tout devoir d'exemplarité ? En URSS, les règles du jeu sont limpides. Article premier : Joseph Staline n'a jamais tort. Article 2 : S'il a tort, se reporter à l'article premier.

En cette année 1939, il a éliminé tous ses ennemis les uns après les autres. Il règne sans partage sur un empire qu'il compte façonner selon son bon plaisir. Sa loyauté va seulement à cette dictature du prolétariat, qu'en digne successeur du grand Lénine il continue de bâtir d'une main de fer. Sa pogne de grand escogriffe géorgien, passé par le petit séminaire, ne tremble jamais. Elle tient le long couteau coupant le pain de seigle *stolitchni* distribué à la classe prolétarienne méritante. Mais cette main généreuse du *Vojd* peut tout aussi bien punir et organiser la famine des ennemis de classe.

« Du passé faisons table rase... » Les paroles de l'« Internationale » ne se résument pas à une simple métaphore promettant un ordre nouveau. La formule peut également être prise au pied de la lettre. Dans l'URSS centralisée des premiers plans quinquennaux, l'estomac des masses populaires est l'affaire du parti. Il s'agit de réinventer la table où faire circuler la nouvelle fraternité ouvrière. Comment ? En construisant « l'homme soviétique », en sculptant les ventres et les esprits lors de repas en commun sur les sites de production. À partir de la fin des années 1920, l'alimentation collective se développe à marche forcée, tandis que la restauration privée est progressivement rayée de la carte. Fleurissent en particulier les cantines dans des usines censées répondre à l'effort de production et d'industrialisation à outrance décidé au plus haut niveau par le camarade Staline.

Tous unis par le même idéal, attablés autour d'un même repas ! Le restaurant d'usine doit devenir un lieu d'éducation politique et de la *kulturnost* (civilisation des mœurs). Au lendemain de la révolution, certains bolcheviks ont même suggéré de décrocher les œuvres d'art des musées pour agrémenter les murs des réfectoires des masses laborieuses. En 1932, une architecte du nom d'Ekaterina Maksimova a fait sortir de terre, sur les bords de la Volga, la cantine de Samara dessinée en forme de faucille et de marteau. Assis sous les portraits des héros barbus de la révolution d'Octobre, les ouvriers ingurgitent des slogans de propagande écrits sur les murs, à peine plus digestes que la soupe au chou et le *kacha* (gruau) versés dans leurs assiettes.

Dans ce monde rêvé du bolchevisme, qu'importe si la maigre pitance frôle l'infamie, si des cuisines collectives exhalent des odeurs de fosse d'aisances et si les ouvriers se plaignent amèrement du mauvais traitement réservé à leur estomac. Tant pis s'il faut touiller le thé avec des outils faute de petites cuillères, ou boire directement au goulot faute de verres. Ces réalités discrètement consignées dans les rapports des agents de l'État ne pèsent pas lourd face à la vérité officielle, la seule qui mérite d'être imprimée dans les publications du parti : l'histoire d'un prolétariat travailleur édifiant un monde nouveau et partageant fièrement le pain soviétique.

À la table du pouvoir moscovite, le souffle du bolchevisme a pareillement balayé les usages poussiéreux de l'ère tsariste. Le contenu des assiettes reste de fort bonne tenue, mais les règles compassées de la bienséance aristocratique n'ont pas survécu à la révolution dirigée par le très austère Vladimir Ilitch Oulianov, alias Lénine. Les boutons de manchette dorés et les broches clinquantes, les mains trop lisses des gens bien nés, le maniement délicat de l'argenterie sont devenus des attributs de classe dangereusement suspects. Le cérémonial des temps obscurs a été jeté par les fenêtres du Kremlin pour faire place à des repas dépouillés de lourdeurs protocolaires.

Cette absence de formalisme correspond parfaitement à la nature et au style direct de Joseph Staline, élevé à la dure dans une famille modeste, avec pour père un cordonnier ivrogne dont il ne pleurera guère la mort prématurée. Lui le braqueur de banques révolutionnaire a toujours aimé briser les codes de la morale bourgeoise, voire les règles d'hygiène les plus élémentaires. Lors de son exil sibérien, le jeune « Koba », son nom de combat, cohabite avec un certain Sverdlov dans le village inhospitalier de Koureika. Placés sous surveillance policière, les deux hommes chassent, pêchent et cuisinent eux-mêmes leur pitance. « Après les repas, Sverdlov avait l'habitude de faire la vaisselle. Moi jamais, se vantera plus tard Staline. Je posais les plats par terre, sur le plancher sale, et le chien nettoyait les assiettes jusqu'à la dernière miette. Mais ce type était un maniaque de la propreté. »

Le maître du Kremlin exècre les mondanités sirupeuses, les conversations courtoises et les tenues de soirée qui empestent l'ancien monde. Quand les réunions de travail se poursuivent dans la soirée, il invite ses camarades et collaborateurs à rester dîner dans ses appartements privés. Chacun va se servir dans une soupière trônant sur le buffet. Pour des repas plus substantiels mais non officiels, pas de maîtres d'hôtel guindés virevoltant autour des convives. Le service est assuré par des matrones rustiques peu portées sur les courbettes. L'affaire est rondement menée puisque le personnel se retire aussitôt après avoir posé tous les plats sur la table, laissant aux invités le soin de faire honneur aux mets.

Ce protocole dépouillé ne témoigne pas seulement d'une simplicité de bon aloi. Le très soupçonneux Joseph Staline se méfie des oreilles indiscrètes. Une serveuse qui traînaille devient rapidement une espionne potentielle. En renvoyant le petit personnel en cuisine, le maître des lieux cherche à limiter ce risque qu'il mesure à l'aune de sa propre manie de l'espionnage. Ses agents secrets et ses informateurs pullulent dans les salons de l'Union soviétique et d'ailleurs. Les repas copieusement arrosés ne sont-ils pas propices aux confidences ?

L'art de se placer, sans éveiller les soupçons, requiert une intelligence calculatrice qui n'a jamais fait défaut à l'ambitieux Géorgien. D'une habileté inégalable pour l'intrigue, le camarade Staline a su parfaitement manœuvrer pour se hisser au sommet du parti en éliminant ses rivaux les uns après les autres. À la table des dîners, Staline ne choisit jamais sa place par hasard. Le secrétaire général du PCUS se garde de trôner en majesté au bout de la tablée comme s'il se satisfaisait de son statut fictionnel de *primus inter pares.* Camarade parmi les autres camarades, il s'assoit généralement à gauche de la place d'honneur, renonçant à toute préséance. À l'inverse d'Adolf Hitler qui, tel le Sauveur, occupe la place centrale vers laquelle convergent les regards, Staline ne recherche pas la lumière. Il semble même vouloir se faire oublier. L'un *s'écoute parler* en agitant sa mèche tandis que l'autre *écoute parler* en lissant ses grosses moustaches de façon pensive.

À la table du camarade Staline fleurissent les valeurs d'égalité, de fraternité et de partage. Apparences bien évidemment aussi fausses que le *Soleil trompeur* du réalisateur Nikita Mikhalkov, qui symbolise le bolchevisme sous la forme d'une boule de feu à la fois féerique et captieuse.

Staline n'a ni l'éloquence ni la rigueur intellectuelle de Lénine. Il ne partage pas plus l'ascétisme de son mentor qui se nourrissait essentiellement de ses lectures et de ses idées révolutionnaires. L'austère et dogmatique Lénine n'avait que faire de ce genre de réjouissances. On lui connaissait un seul péché mignon occasionnel : la bière.

Si Staline a lui aussi lié son destin à la révolution bolchevique, son tempérament géorgien l'incite à profiter des plaisirs de la vie. De sa région natale, Iossif Vissarionovitch Djougachvili a gardé un fort accent et un goût prononcé pour la cuisine caucasienne riche en saveurs et en épices. Sans être un gourmet raffiné exigeant une gastronomie de haut vol, à l'instar des tsars russes qui avaient pris l'habitude de confier leurs casseroles à des chefs français, le nouveau maître du Kremlin passe pour un amateur de bonne chère.

Un mélange de cuisine traditionnelle russe et de plats géorgiens de qualité orne sa table. Dans le menu, le *bortch*, la fameuse soupe de betteraves russe, cohabite avec les *chachliks* (brochettes) à base d'agneau de lait accompagnés de fromages et d'herbes épicées en saumure, typiques de la cuisine du Caucase. Staline est particulièrement friand de *vimbe* et de *chemaya*, deux petits poissons à la chair tendre que l'on trouve en Géorgie et dans le sud de la Russie. Son exil en Sibérie a permis à son palais de se familiariser avec ces délices que les eaux fraîches des rivières et des lacs de la région offrent en abondance. L'esturgeon, le sterlet, la nelma (saumon de Sibérie) sont autant de délicatesses que les gros doigts des apparatchiks invités à la table de Staline enfournent généreusement dans leurs bouches à slogans en levant leur verre de vodka à la santé des damnés de la terre et des forçats de la faim.

Le natif de la petite ville de Gori a hérité tout naturellement d'un sens prononcé de la fête et d'un goût marqué pour les soirées à rallonge que ponctuent d'innombrables toasts à décimer une armée de cosaques. Dans la tradition caucasienne, un chef de tablée est chargé d'animer la fête, distribuant la parole un verre de vodka à la main. Ce *tamada* donne le tempo de la soirée. Selon la personnalité du boute-en-train, les agapes peuvent rester dans les limites de la décence ou bien prendre une tournure nettement plus chaotique. Ce triste soir du 8 novembre 1932, dans les appartements privés de Staline, il faut croire que le *tamada* se classe dans la catégorie des infatigables bambocheurs. Il a veillé à ce que les convives ne restent jamais le gosier sec. Les coudes se lèvent à un rythme cadencé, les alcools forts brûlent les tubes digestifs, les effluves échauffent les esprits.

Ce soir-là, Staline ressent le besoin impérieux de décompresser. La famine sans précédent qui sévit dans le pays, la crainte d'éventuels complots, la loyauté incertaine de son propre entourage et les sautes d'humeur de sa femme, l'instable Nadejda Allilouïeva, sont autant de sujets d'inquiétude pour le leader soviétique dont la domination sur le parti n'est pas encore absolue. Il s'est installé en milieu de table face à sa seconde épouse, bien décidé à se divertir. Une fois n'est pas coutume, Nadejda a revêtu une élégante tenue : la robe noire rebrodée de roses que son frère Pavel a achetée à Berlin. Trop occupé à boire et à flirter, Staline ne prête aucune attention aux efforts vestimentaires de sa femme. Son regard de tigre est attiré par la ravissante Galia Egorova, épouse d'un commandant de l'Armée rouge avec qui il a combattu en Pologne. Ses approches sont d'un raffinement relatif et d'un manque total de discrétion. Il bombarde la belle de boulettes de pain comme il aime à le faire quand il a trop bu.

Le verre à la main, Staline se lève soudainement pour porter un toast à l'élimination des « ennemis de l'État », au premier rang desquels figurent les *koulaks*, ces paysans propriétaires qui s'opposent à la collectivisation de leurs terres et paient chèrement le prix de leur résistance. Pour mater les régions les plus indisciplinées, le dictateur précipite des millions d'hommes, de femmes et d'enfants dans la famine. En Ukraine, le rat rôti est devenu l'ordinaire, la chair humaine, un moyen de survie. Le spectre de ces millions de corps décharnés ne tourmente guère le petit père des peuples, convaincu d'agir au nom de l'idéal socialiste.

Les éventuelles répercussions de sa désastreuse réforme agraire, avec sa sinistre file d'hommes en guenilles envahissant les villes, l'inquiètent davantage. L'Ukraine, « le grenier à blé de la Russie », est désormais un désert agricole. L'échec patent de sa politique fragilise singulièrement sa position au sein du parti. En proposant ce toast bravache contre les « ennemis de l'État », cherche-t-il à se rassurer lui-même ?

Le verre de Nadejda n'a pas décollé de la table. Elle refuse de s'associer au toast que son mari ordonne en l'honneur de la guerre de purification idéologique que le parti mène dans les campagnes. S'agit-il de la monnaie de la pièce que l'épouse outragée rend à son mari, exaspérée par son petit manège puéril avec une autre ? Son geste est-il une façon de se faire remarquer par son diable d'homme si peu attentionné ? À moins que son acte de défiance ne revête une signification plus profonde, plus politique. Tout comme son voisin de table, l'ami Nikolaï Boukharine, poète et philosophe de la révolution, cette bolchevique de la première heure ne cache plus son malaise face à l'Holodomor, cette politique d'extermination par la faim qu'assume pleinement le régime stalinien.

En refusant de boire le toast à la tyrannie communiste, Nadejda accomplit-elle un acte de résistance dicté par sa conscience ? L'idée d'ingurgiter cette vodka à l'arrière-goût de mort lui donne-t-elle la nausée ?

Ainsi défié devant témoins, Staline ordonne aussitôt à son épouse de vider son verre. Devant son refus d'obtempérer, il la mitraille agressivement d'écorces d'orange et de cigarettes traînant sur la table. N'y tenant plus, celle-ci se lève brusquement de sa chaise et quitte la salle à manger en fulminant. Son mari ne cherche pas à la retenir… Il ne la reverra plus vivante.

Le matin, l'intendante retrouve la camarade Nadejda gisant dans une mare de sang près de son lit, un pistolet à son côté. Avant d'en finir, elle a laissé en évidence une lettre de reproches amers adressés à Staline, désormais veuf pour la seconde fois. Désarçonné, ravagé, blessé par le suicide de son épouse, l'homme d'acier laisse découvrir à son entourage un visage inhabituel de vulnérabilité. Cet état de faiblesse ne sera que passager. Joseph Staline sort de cette épreuve personnelle le cœur plus endurci que jamais. Les rouages de la Grande Terreur avec son long cortège d'assassinats sont sur le point de s'enclencher. Selon la formule terrifiante de la poétesse Anna Akhmatova, l'Union soviétique passe des « années végétariennes » aux « années carnivores ». Nul ne s'assoira plus jamais à la table de l'ogre de Moscou sans avoir l'estomac tenaillé par la peur.

Arrestations arbitraires, aveux extirpés sous la torture, parodies de procès, exécutions à la chaîne, déportations de masse dans les goulags... Entre 1937 et 1938, les grandes purges staliniennes atteignent le bilan stupéfiant, et peut-être sous-estimé, de 700 000 morts. C'est l'heure de gloire du NKVD, l'ancêtre du KGB. Impossible de dormir tranquillement : chaque citoyen craint d'entendre un jour ou l'autre les Stakhanov du crime d'État tambouriner à la porte. Même les proches du tyran, les révolutionnaires de la première heure, ne sont plus à l'abri. Gagné par une fureur paranoïaque, Staline fait le vide autour de lui. Beaucoup des participants au triste dîner du 8 novembre 1932 ne mourront pas dans leur lit. S'il fallait retoucher la photo pour en effacer les « ennemis du peuple » exécutés sur ordre de Staline, la tablée ressemblerait à un alignement de chaises vides.

Le bon vivant Abel Enoukidzé, « oncle Abel », parrain de Nadejda et secrétaire du Comité central exécutif de Géorgie, sera relevé de ses fonctions en juin 1935. Reconnu coupable d'espionnage et de trahison, il est fusillé en 1937. Le *tamada* de la soirée, le Géorgien Grigory Ordjonikidzé, dit « camarade Sergo », sera assassiné à

Moscou le 18 février 1937, très probablement sur ordre de son ami « Koba ». En 1939, le maréchal Alexandre Egorov est passé par les armes. Il n'était autre que le mari de la belle Galia Egorova que Staline bombardait de projectiles. Le voisin de table de Nadejda, l'ami Nikolaï Boukharine, « l'enfant chéri du parti », selon la formule de Lénine, ne fêtera pas ses cinquante printemps. Contraint d'avouer ses « crimes » lors d'un des fameux procès de Moscou, l'intellectuel de la révolution est exécuté le 15 mars 1938.

La clairvoyance de ce dernier sur la vraie nature du régime stalinien ne lui aura pas permis d'échapper à un destin tragique. Deux ans plus tôt, il avait rencontré le leader menchevique en exil, Fedor Dan. Celui-ci lui avait fait part de son incrédulité face à l'indéfectible loyauté des dirigeants du parti. Comment pouvait-on continuer à soutenir un tel tyran ? Nikolaï Boukharine avait répondu de manière tristement prophétique :

> « Vous ne comprenez pas, ce n'est pas à lui que nous faisons confiance. C'est l'homme auquel le parti fait confiance. Je ne sais pas comment c'est arrivé, mais c'est ainsi. Il est devenu le symbole du parti. Les petites gens, les ouvriers, le peuple lui font confiance, c'est peut-être notre faute, mais c'est ainsi, et c'est pourquoi nous entrons tous, les uns derrière les autres, dans sa gueule ouverte, en sachant qu'il va nous dévorer. Et lui le sait parfaitement, et il n'a plus qu'à attendre le moment qui lui conviendra pour le faire. »

Nikolaï Boukharine a vu juste mais trop tard. Comme Saturne, la révolution bolchevique dévore ses propres enfants. Loin d'éveiller le début d'un cas de conscience, cette frénésie met d'humeur joyeuse le tyran de Moscou. Rien n'égaye plus son repas que le récit des derniers instants de ses victimes torturées à mort dans les sous-sols de la Loubianka. Dans son panthéon de la haine, Grigori Zinoviev occupe une place particulière. Ce révolutionnaire a eu le tort de se considérer un temps comme l'héritier légitime de Lénine. Après avoir cherché à évincer Trotski du pouvoir, formant une troïka de circonstance avec Kamenev et Staline lors du XIIe congrès du PCUS en 1923, Zinoviev s'est finalement rapproché de l'ennemi juré du dictateur soviétique.

En Russie plus qu'ailleurs, la vengeance est un plat qui se mange glacé. Le tsar rouge n'oubliera jamais les ambitions passées de Zinoviev ni son alliance tardive avec Trotski. Le fait qu'il est juif a nourri l'animosité de Staline à son égard. De sa propre main, celui-ci a dessiné sa future victime pendue par les parties intimes… Le 25 août 1936, l'ancien disciple de Lénine rend son dernier soupir, fusillé dans la foulée d'un procès à grand spectacle où l'accusé a été contraint de faire son « autocritique ».

Peu de temps après, un dîner célébrant la fondation de la sinistre Tchéka donne l'occasion à Staline de revivre le frisson de la fin de son ancien allié politique. Son garde du corps, Karl Pauker, témoin direct de la mise à mort, lui a réservé une petite surprise : une saynète dans laquelle, encadré de deux « gardiens », il joue le rôle de Zinoviev traîné devant le peloton d'exécution suppliant qu'on lui laisse la vie sauve. « Pour l'amour du Ciel, appelez Staline ! » implore-t-il sous les rires gras du dictateur et de Nikolaï Ejov, le chef suprême du NKVD, artisan des grandes purges. Juif, tout comme Zinoviev, Pauker sait flatter l'antisémitisme de son patron aux dépens de ses coreligionnaires. Il pimente la scène d'implorations hébraïques avec des intonations grasseyantes. Staline rit aux larmes, suffoque tant et si bien qu'il doit demander à son garde du corps de cesser son imitation.

L'épilogue de ce « dîner-spectacle » n'aura rien de désopilant pour les acteurs de la farce. « L'imitateur » Karl Pauker, le chef de sa sécurité en qui Staline avait jusque-là une confiance absolue, sera exécuté un an plus tard. Le « spectateur » Nikolaï Ejov, le gnome sadique du régime, exécuteur de toutes ses basses besognes, sera à son tour passé par les armes en 1940.

La table de Staline ressemble à un jeu de chaises musicales macabre. Les uns après les autres, les commensaux du tsar rouge peuvent passer, en un frissonnement de moustache, de la chaleur d'un dîner entre complices à la froideur d'un terrifiant cachot. Le tyran soviétique a inventé un style qui n'appartient qu'à lui : la convivialité sadique. Dans ses Mémoires, Nikita Khrouchtchev cite cette confidence d'après-dîner de Nikolaï Boulganine, un ancien tchékiste devenu un dirigeant de premier plan : « On s'assoit à la table de Staline en ami mais on ne sait jamais si, en la quittant, on rentrera tout seul chez soi ou si l'on ne sera pas invité à faire un tour en prison. » Et Khrouchtchev de conclure : « Boulganine était assez ivre ce soir-là, mais ses paroles dépeignaient très justement la précarité de notre situation, jour après jour. »

Il faut, au choix, du panache, un instinct suicidaire ou cet élan de bravoure que donne le souffle chaud de la vodka pour oser défier le tyran soviétique à sa table. Lors d'un dîner familial, Sergueï Kirov, chef du parti à Leningrad, se sent suffisamment protégé par sa longue amitié avec Staline pour s'autoriser un toast parodique tournant en dérision le culte de la personnalité dont le « guide » est désormais l'objet : « Je porte un toast à Staline, le grand chef de tous les peuples et de tous les temps. Je suis un homme occupé et j'ai probablement oublié quelques-uns de tes autres immenses exploits ! »

Une fois n'est pas coutume, le chef suprême de l'URSS laissera passer ce toast en répondant sur le même ton ironique.

Encore plus rares sont ceux qui osent reprocher ses crimes au grand Staline en hurlant et en faisant valdinguer la nourriture sous son propre toit. Si le maréchal Vorochilov n'a guère brillé dans l'art de la guerre, il faut saluer sa dextérité dans le lancer du cochon de lait rôti. Nikita Khrouchtchev confiera plus tard n'avoir jamais assisté dans sa vie « à une scène aussi explosive ». Alors que l'invasion de la petite Finlande par la grande Armée rouge vire au fiasco militaire en 1939, Staline reproche à son ministre de la Défense son incompétence abyssale. L'orgueil piqué au vif, écarlate, Kliment Vorochilov se dresse sur ses ergots de maréchal de l'Union soviétique, hurlant en direction du maître du Kremlin : « Tout ce qui arrive est ta faute ! C'est toi qui as décimé les vétérans de notre armée, toi qui as fait tuer nos meilleurs généraux ! » accuse-t-il avant de jeter brutalement sur la table le plat où trônait paisiblement un cochon de lait. Vorochilov est d'autant mieux placé pour lancer de telles accusations à la figure de Staline qu'il a mis en œuvre sa politique de liquidation des officiers de l'Armée rouge. Exception qui confirme la règle, l'irascible militaire échappera au peloton d'exécution.

Lors des réceptions au Kremlin, devant ses visiteurs étrangers, le tsar rouge aime montrer cette poigne de fer avec laquelle il tient son empire. Dans ses Mémoires de guerre, le général de Gaulle raconte son dîner surréaliste avec l'homme fort de Moscou en décembre 1944. Très en forme, Staline s'est levé une trentaine de fois pour porter un toast à la santé de ses hôtes, de ses ministres, de ses généraux, de ses ingénieurs… Guilleret, il s'avance vers chacun de ses collaborateurs en se dandinant. Arrivé à hauteur du maréchal d'aviation Alexandre Novikov, le généralissime encense son haut gradé, véritable héros de guerre. Mais la louange s'achève sur une note moins chaleureuse : « Et s'il ne travaille pas bien, nous le ferons pendre ! » Entre les traits d'humour noir de Staline et la réalité de ses menaces, il n'y a souvent qu'un pas. Deux ans plus tard, Novikov échappera de justesse à la corde. Torturé et condamné à quinze ans de prison, il sera libéré et réhabilité après la mort de Staline.

Après ce dîner « d'un luxe inouï », écrit de Gaulle, des discussions en aparté se poursuivent dans les salons du Kremlin : « Ces diplomates, qu'ils sont ennuyeux ! se lamente le maître des lieux. Qu'ont-ils à parler ainsi ? Une mitrailleuse, voilà ce qu'il faudrait ! Une mitrailleuse sur eux… ils se tairaient vite. Allez me chercher une mitrailleuse et mettez-la en batterie. Ces diplomates ! Quelle race ! » Le général de Gaulle n'est guère amusé par la jovialité macabre de son hôte. Dans ses Mémoires, il parlera d'une « scène de tragicomédie ». Réputé austère, pour ne pas dire rigide, l'homme du 18 juin ne partage assurément pas le style très désinvolte voire grossier qu'affiche son hôte. En bon militaire, le général aime, lui, les repas respectueux des usages.

Néanmoins, ces agapes soviétiques ne seront pas du temps perdu pour Charles de Gaulle. La table du Kremlin a été pour lui un excellent poste d'observation de la comédie du pouvoir dictatorial en action. Avec finesse, le chef du gouvernement provisoire de la France a cerné le jeu tortueux du personnage :

> « Staline tenait des propos directs et simples. Il se donnait l'air d'un rustique, d'une culture rudimentaire, appliquant aux plus vastes problèmes les jugements d'un fruste bon sens.

Il mangeait copieusement de tout et se servait force rasades d'une bouteille de vin de Crimée… Mais sous ces apparences débonnaires, on discernait le champion engagé dans une lutte sans merci. D'ailleurs, autour de la table, tous les Russes, attentifs et contraints, ne cessaient de l'épier. »

La magie de la table aura davantage contribué à rompre la glace avec un autre géant du siècle : Winston Churchill. En ce 12 août 1942, le dialogue promet d'être ardu entre le Premier ministre conservateur anticommuniste issu d'une très noble lignée britannique et le révolutionnaire marxiste fils d'un petit cordonnier géorgien. Le vieux lion arrive à Moscou avec une nouvelle peu réjouissante à annoncer : l'ouverture d'un front à l'Ouest est une nouvelle fois retardée. L'Union soviétique subit les violents coups de boutoir des troupes hitlériennes, attendant avec impatience la grande offensive anglo-américaine qui soulagerait grandement l'Armée rouge.

Pour accueillir son visiteur dont la réputation de bon vivant n'est plus à faire, le leader soviétique n'a pas rechigné à la dépense. Le soir de son arrivée, le chef du gouvernement britannique trouve dans la salle à manger de Kountsevo, la datcha de Staline mise à sa disposition, « un vaste choix de nourriture et d'alcools, y compris du caviar et de la vodka, mais aussi bien d'autres plats et vins de France et d'Allemagne, bien en deçà de nos moyens et de notre humeur ». Le lendemain matin, la table du breakfast ploie sous une montagne de gâteaux, de chocolats, de fruits secs, de raisins, d'œufs, de bacon et de café. Alors que la quasi-totalité de la population soviétique meurt littéralement de faim, Staline s'efforce d'éblouir ses invités britanniques lors d'un banquet pantagruélique rassemblant une centaine de personnes sous les dorures du salon de Catherine la Grande.

Partisan du « socialisme dans un seul pays », Staline prouve au reste du monde que la loyauté à la cause prolétarienne n'empêche pas de perpétuer les fastes de la Grande Russie. Par ailleurs, si le protocole empesé des temps monarchiques a été sensiblement allégé, les usages à la table du nouveau pouvoir n'ont pas basculé dans un égalitarisme ouvriériste. Les banquets officiels restent soigneusement codifiés, reproduisant la stricte hiérarchie de la nomenklatura communiste dont les regards souvent embués par l'alcool convergent vers le tsar rouge. À l'issue des toasts, chaque invité doit se déplacer jusqu'au leader suprême pour trinquer, signifiant ainsi que ce dernier symbolise le centre du pouvoir.

Le descendant des Marlborough est traité comme un roi par son hôte communiste, soucieux de ne pas présenter le visage d'une URSS aux abois mendiant l'aide des puissances occidentales. Pas moins de dix-neuf plats défilent ce soir-là sous le nez de Churchill qui n'a pas été à pareille fête depuis le début de la guerre. Caviar, saumon, esturgeon, hareng séché, jambon froid, farce de gibier, choix de légumes et champignons à la crème… les hors-d'œuvre se succèdent à une cadence effrénée. Suivent les consommés de *bortch*, crème de poularde, esturgeon au champagne, perdrix, côtelettes d'agneau, pommes de terre, concombre, chou-fleur, asperges. Seuls les toasts qui entrecoupent le festin impérial permettent de souffler.

En pleine guerre, de telles victuailles ne se trouvent pas dans le premier kolkhoze venu. Et on imagine aisément l'angoisse des bureaucrates soviétiques lancés dans cette folle chasse au trésor sous les tirs de l'artillerie allemande. Mais tel est le désir impérieux du *Vojd*, un bon plaisir qu'il est vivement recommandé de satisfaire.

Ce soir d'août 1942, les égards sans mesure dont les régimes totalitaires ont souvent le secret ne suffisent pas à égayer l'humeur maussade de Winston Churchill. Le Premier ministre de Sa Gracieuse Majesté s'est senti humilié par les paroles blessantes de Staline reprochant aux Britanniques leur lâcheté face à Hitler. Le chef du gouvernement britannique s'apprête à repartir pour Londres, laissant derrière lui un leader soviétique toujours aussi sceptique quant à l'engagement réel des puissances alliées face à l'ennemi commun. La politique éloigne les hommes mais la table les rapproche. C'est dans les vapeurs d'alcool, une passion commune, que la brouille naissante va se dissiper. Alors que Churchill s'apprête à quitter Moscou sur un échec, Staline lui lance cette invitation inattendue : « Pourquoi ne passez-vous pas chez moi prendre un verre ? » « Je répondis, racontera Churchill, que par principe j'étais toujours en faveur de ce genre de politique. »

Un verre en appelant un autre, le chef du gouvernement britannique est convié à dîner. Réduite au strict minimum, la tablée se compose des deux hommes d'État et de leurs interprètes, bientôt rejoints par Molotov, le chef de la diplomatie soviétique, à qui Staline voue une vraie admiration pour sa capacité d'écluser les cocktails d'alcool les plus explosifs. Les bouteilles débouchées par Staline ne font pas long feu tandis que les dîneurs se servent directement dans les plats posés sur la table par la gouvernante. « Le dîner commença simplement avec quelques radis avant de se transformer en banquet – un cochon de lait, deux poulets, du bœuf, du mouton, toute sorte de poissons. Il y avait assez pour nourrir une trentaine de personnes », écrira plus tard Winston Churchill. Le proverbial cochon de lait va à nouveau subir un sort peu enviable sous les yeux éberlués du gentleman anglais élevé dans le majestueux palais de Blenheim où l'on saucissonne rarement à bouche que veux-tu. « Il me proposa la tête du cochon et, après mon refus, il s'y attaqua lui-même en se délectant. Avec un couteau, il vida la tête du porcelet, se servant de son couteau qu'il porta à sa bouche. Ensuite il coupa en lamelles les joues du cochon et les mangea avec ses doigts... »

D'ordinaire assez peu effrayé par les alcools forts, l'Anglais sent poindre une migraine. Il préfère dès lors se rabattre sur un pétillant du Caucase moins brutal que la vodka au poivre servie sans modération. Sage décision, car la discussion franche et virile s'achèvera vers trois heures du matin. Churchill est alors persuadé que cet épique moment de diplomatie apaisera les tensions anglo-soviétiques. À son vice-Premier ministre, le travailliste Clement Attlee, il envoie ce câble victorieux : « Je viens d'avoir une longue conversation, durant un dîner de six heures, avec Staline et Molotov seuls dans son appartement privé. On s'est quittés dans les termes les plus cordiaux et les plus amicaux... » La fin de la brouille est scellée par cette touchante attention du Kremlin : dans son avion, Churchill découvre un panier débordant d'épicerie fine, de champagne et de caviar russe destiné à rendre son vol retour le plus agréable possible.

Cette réconciliation autour d'une tête de cochon cernée par des bouteilles de vodka suggère-t-elle qu'un repas informel peut apaiser les tensions politiques les plus aiguës ? Une rencontre plus classique dans le bureau d'angle de Staline aurait-elle suffi à restaurer la confiance entre ces deux alliés de circonstance ? Bon vivant devant l'éternel, Winston Churchill croyait en tout cas aux vertus pacificatrices de la table : « Si seulement je pouvais dîner avec Staline une fois par semaine, il n'y aurait plus aucun problème », confia-t-il plus tard au maréchal Montgomery lors d'un pique-nique sur les plages de Normandie quelques jours après le débarquement.

« Le chemin le plus direct pour gagner les cœurs et les esprits passe par l'estomac », a écrit l'universitaire américain Paul Rockower, spécialiste de ce que les Anglo-Saxons appellent la *culinary diplomacy*. Ce mariage de la bonne bouffe et de la grande diplomatie s'impose depuis peu comme un sujet d'étude très sérieux. La « gastro-diplomatie » a gagné ses lettres de noblesse au point d'être enseignée à l'Institut d'études politiques de Paris. L'art de la table n'est-il pas une arme de séduction au service du *soft power* des États ? Sans surprise, la France, berceau de la grande gastronomie, a depuis bien longtemps mesuré le pouvoir d'influence d'une cuisine de haut vol.

On prête à Charles Maurice de Talleyrand-Périgord cette réplique délicieusement théâtrale : « Donnez-moi de bons cuisiniers et je vous ferai de bons traités ! » Ce « bon cuisinier » fut le génial Antonin Carême et ce « bon traité » se matérialisa en 1815 au congrès de Vienne où la France réussit à sauver les meubles. À la tête de la délégation française, Talleyrand arriva dans la capitale autrichienne en représentant d'un pays vaincu et marginalisé après les aventures napoléoniennes. À l'heure de redessiner les frontières de l'Europe, les quatre pays vainqueurs, l'Autriche, la Prusse, la Russie et le Royaume-Uni, comptaient bien faire payer à la France les agressions passées. Les couteaux avaient été affûtés pour redécouper sans vergogne le gâteau hexagonal. La stratégie centrale de l'habile chef de la diplomatie française consista à s'attirer les faveurs des petites puissances afin de briser l'isolement de la nation paria. Il s'agissait d'attendrir les têtes couronnées les moins hostiles en flattant leur palais. Ce travail d'influence fut mené en marge des négociations officielles, et autour de divins repas où le fumet des rôtis et le gouleyant des grands vins facilitèrent le dialogue et ramollirent les réticences.

Avant son départ pour Vienne, où devait affluer toute l'Europe monarchique, le prince de Bénévent avait réclamé au roi Louis XVIII plus de casseroles que d'instructions écrites. En s'adjoignant les services du très créatif Carême, l'évêque d'Autun réalisa un coup de maître. « Le cuisinier des rois et le roi des cuisiniers » subjuguerait tout ce beau monde à coups d'inventions culinaires : vol-au-vent, charlotte, millefeuille, sans parler de ses pièces montées majestueuses ou de ses « jardins miniatures de la gourmandise » inspirés par son goût pour l'architecture. Durant toute la durée du congrès de Vienne qui s'étira du 1er novembre 1814 au 9 juin… 1815, la capitale autrichienne fut un étourdissement de fêtes, de banquets et de bals où chacun s'efforça de séduire les altesses et les ministres plénipotentiaires des quelque 216 délégations, tout en poussant ses pions sur l'échiquier international. Talleyrand descendait tous les matins en cuisine pour donner ses instructions au chef français. La grande cuisine devint alors auxiliaire de la diplomatie française sous la direction de ce prince de l'intrigue à la loyauté élastique – « de la merde dans un bas de soie », avait dit de lui Napoléon. Si la trajectoire sinusoïdale de Talleyrand lui fut souvent reprochée, au moins faut-il lui reconnaître une certaine constance dans l'art raffiné de recevoir au service de la basse cuisine politicienne. Cet indéniable talent fit dire à ses contemporains que le seul maître qu'il n'ait jamais trahi fut le fromage de Brie.

Le cycle de conférences des *Big Three* pour sortir de la Seconde Guerre mondiale ne donnera pas lieu à des réjouissances comparables à celles du congrès de Vienne. Les sommets tripartites entre Staline, Roosevelt (puis Truman) et Churchill sont plus sobres mais la diplomatie culinaire y tient néanmoins tout son rôle. Du 28 novembre au 1er décembre 1943 à Téhéran, le numéro 1 soviétique rencontre le président américain pour la première fois. Soucieux de charmer son allié le plus puissant face à Hitler, et toujours dans l'attente d'une offensive anglo-américaine à l'Ouest, Staline force sa nature, se montrant inhabituellement courtois. Tandis que les cuisiniers s'affairent aux fourneaux pour préparer des steaks accompagnés de pommes de terre rôties pour le dîner, Franklin Roosevelt prépare l'un de ces cocktails dont il a le secret : vermouth, gin et glace pilée. Le verre de l'amitié ne se refuse pas. Le dictateur soviétique avale la mixture qui lui fera l'effet d'un « iceberg sur l'estomac ».

Le lendemain, c'est au tour des Soviétiques d'offrir un banquet « à la russe », autrement dit pantagruélique. À table, Staline prend un malin plaisir à embarrasser Winston Churchill. Quand certains pimentent les dîners de plaisanteries grivoises, d'autres préfèrent les histoires de charniers. Sans surprise, Staline est adepte des secondes. Sur un ton on ne peut plus sérieux, « Uncle Joe » suggère de passer par les armes cent mille officiers allemands. Scandalisé, le Premier ministre en renverse son cognac et rugit : « Ce serait tout à fait contraire à l'idée qu'ont les Britanniques de la justice ! Jamais notre Parlement ni notre opinion publique n'approuveraient l'exécution de soldats innocents qui se sont battus pour l'honneur de leur pays. » Le trait d'humour de Joseph Staline n'a pas échappé à Franklin Roosevelt, qui en rajoute en proposant de couper la poire en deux. On pourrait se contenter de cinquante mille soldats allemands. Piqué au vif, le vieux lion quitte la table et se dirige furieux vers la sortie avant d'être rattrapé par Staline, flanqué de Molotov… Il s'agissait juste d'une aimable plaisanterie…

Winston Churchill a quelques bonnes raisons de ne pas saisir toute la dimension drolatique de la proposition. En 1940, les milliers d'officiers polonais exécutés par le NKVD dans la forêt de Katyń n'ont pas été les victimes d'une bonne blague racontée entre le chou-rave et le hareng séché, mais les vrais martyrs d'un crime de guerre ordonné par le maître du Kremlin. Quoi qu'il en soit, cette petite scène en dit long sur la complicité naissante entre Staline et Roosevelt, alors que se forme un *Big Two* au détriment du Royaume-Uni, dont le rôle crucial de trait d'union entre l'URSS et les États-Unis face au IIIe Reich ne revêtira jamais plus la même importance.

Le lendemain soir, les « trois grands » se retrouvent dans la résidence britannique de Téhéran pour une réception en l'honneur de Churchill qui fête ses 69 ans. Le protocole a dressé la table de réception sans lésiner sur la porcelaine ni sur l'argenterie. Si l'idée est d'impressionner le leader soviétique, c'est raté. De méchante humeur, en tenue militaire, le camarade Staline endosse le costume du bolchevik qui méprise profondément les mondanités et les usages de la haute société. Il ironise sur les rangées de cuillères, de fourchettes et de couteaux à sa disposition pour ce dîner d'anniversaire auquel les cuisiniers ont donné une couleur très locale : potage perse, truite saumonée de la mer caspienne, dinde, soufflé au fromage, lanterne glacée avec un accompagnement de champagne et de vins français.

Loin de chercher à dissimuler son ignorance quant à l'utilisation des couverts, Staline demande à l'interprète de Churchill le mode d'emploi de la pléthorique argenterie disposée sur la table. Le repas s'achève sur une scène à la Groucho Marx quand la « lanterne perse » illuminée et dominant l'énorme gâteau d'anniversaire prend son envol pour atterrir sur Pavlov, l'interprète de Staline, l'aspergeant de crème glacée de la tête aux pieds, au beau milieu de sa traduction simultanée.

En février 1945, alors que les chars soviétiques se rapprochent inexorablement de Berlin, Staline se trouve en position de force face à un Churchill vieillissant et face à un Roosevelt affaibli par la maladie qui l'emportera deux mois plus tard. Le lieu des retrouvailles – la Crimée – n'arrange personne hormis, bien sûr, le dictateur géorgien qui déteste voyager par les airs. La conférence se tient au bord de la mer Noire dans une station balnéaire dont le nom, Yalta, entrera dans les livres d'Histoire pour devenir le synonyme d'un « partage du monde » en zones d'influence. Les premières impressions de Winston Churchill sur la localité ne risquent pas d'être consignées dans les brochures de l'office de tourisme : « Si on avait passé dix ans à chercher, on n'aurait pas réussi à trouver un pire endroit. »

Pour survivre, le Premier ministre s'est fait accompagner d'une « quantité suffisante de whisky idéal contre le typhus et mortel pour les poux ». Sage précaution, puisque beaucoup de délégués se plaignent de la présence de punaises de lit à qui les soldats américains régleront leur sort à coups de DTT. Si Staline, fort de l'avancée de ses troupes en Europe centrale, n'est pas disposé à lâcher des concessions dignes de ce nom à ses « alliés » occidentaux, il accueille en revanche ses invités avec l'hospitalité clinquante d'un prince saoudien. Matin, midi et soir, les délégations étrangères trouvent sur leur table l'incontournable caviar russe, tandis que les maîtres d'hôtel font sauter les bouchons de champagne à la cadence d'une kalachnikov. À Yalta, les Britanniques redécouvrent le goût du vrai beurre et la douce amertume des agrumes, des saveurs presque oubliées depuis 1939 en raison du rationnement.

Cette générosité tape-à-l'œil découle certainement de ce sens inné de l'hospitalité que l'on prête aux Géorgiens. Le très calculateur Staline cherche aussi à impressionner ses « alliés rivaux », usant d'un artifice vieux comme les banquets de l'Antiquité. Si les grands de ce monde – et notoirement les dictateurs – tiennent tant à en mettre plein la vue à leurs homologues, c'est pour afficher la prospérité réelle ou prétendue de leur pays.

La dimension ostentatoire des banquets officiels n'est pas sans rappeler le *potlatch* observé par les ethnologues américains dans les sociétés traditionnelles amérindiennes au cours de la seconde moitié du XIXe siècle. La distribution de biens et de nourriture et même leur destruction, au cours de cérémonies dispendieuses, prouvaient la supériorité de celui qui se permettait une telle gabegie. Les repas somptueux offerts par Staline répondent à cette logique d'un rapport de force plus qu'à une envie irrépressible de faire plaisir aux convives. Du défilé des turbots, des saumons, des pièces de gibier et des cochons de lait sur la nappe du pouvoir stalinien devait se dégager une impression de puissance semblable à celle d'une parade militaire sur la place Rouge. Cette profusion d'aliments sur les tables officielles soviétiques se range dans la catégorie des soleils trompeurs staliniens. Le banquet officiel scintille des mille feux de l'abondance pour mieux laisser dans l'ombre les millions de ventres creux que la révolution de 1917 n'a jamais remplis.

À Yalta, la perspective euphorisante de la victoire finale se traduit par une hyperinflation de toasts. Lors du dîner organisé par les Soviétiques, le vin, le champagne et la vodka coulent à flots. Staline joue les fiers-à-bras de comptoir, vidant d'un trait tous les verres qu'il porte à ses lèvres sans marquer le moindre signe d'ébriété. Le dictateur ne boit en fait que la moitié de son verre de vodka qu'il remplit discrètement d'eau minérale. Par ce subterfuge, il cherche visiblement à se tailler la réputation du buveur viril aussi solide qu'un roc. À ses côtés,

Roosevelt se garde de finir son verre après chaque toast, tandis que Churchill ne participe que prudemment, faisant preuve d'une inhabituelle modération.

Le troisième et dernier acte des conférences se joue du 18 juillet au 2 août 1945 à Potsdam, près de Berlin, la capitale en ruines d'une Allemagne vaincue et occupée. Harry Truman a remplacé Franklin Roosevelt décédé trois mois plus tôt et poursuit la même stratégie de séduction en direction de Staline. Le chef d'État américain espère obtenir l'appui des Soviétiques sur les dossiers du moment : la guerre contre le Japon, la pacification de l'Europe et la mise sur pied de la future Organisation des Nations unies. La veille de la conférence, accompagné de Molotov, le maître tout-puissant de l'URSS a effectué une visite de courtoisie au nouveau président des États-Unis. Truman insiste pour que les deux hommes restent partager son déjeuner. Durant le repas, Staline s'émerveille de la qualité des vins. Les compliments ne sont pas tombés dans l'oreille d'un sourd. Le président américain fait aussitôt envoyer au généralissime douze bouteilles de Niersteiner année 1937, douze bouteilles de porto et six bouteilles de vin de Moselle. Pour le dîner officiel organisé dans sa résidence, Harry Truman s'arrangera pour que les mêmes cuvées, ainsi qu'un château Mouton d'Armailhacq et un champagne Pommery année 1934, viennent flatter le palais d'« Uncle Joe », tel que le surnomment affectueusement les Américains. Les grands desseins diplomatiques s'accomplissent aussi par la voie de ces petites attentions.

Les expressions « rideau de fer », « guerre froide », « dissuasion nucléaire », « équilibre de la terreur » n'ont pas encore fait leur entrée dans le lexique des diplomates. L'heure reste encore aux ronds de jambe sur fond de valses de Chopin jouées au piano par un officier américain. Lorsque Harry Truman l'a interrogé sur ses goûts musicaux, le leader soviétique a cité l'artiste français d'origine polonaise au rang de ses compositeurs favoris. Si la musique adoucit les mœurs, l'œuvre de Chopin n'a visiblement pas de tels pouvoirs apaisants sur les deux hommes d'État réunis ce soir-là. Le concert n'a en rien atténué les instincts criminels du despote soviétique. Quant à Harry Truman, quelques semaines plus tard, il donnera l'ordre de lâcher la bombe atomique sur Hiroshima et Nagasaki.

C'est d'ailleurs à Potsdam, au cours du banquet organisé par les Britanniques, que le président des États-Unis a informé Staline de la mise au point de l'arme nucléaire, testée quelques jours plus tôt dans l'État du Nouveau-Mexique. Truman a fait savoir à Churchill qu'il dévoilerait son explosif secret à Staline durant le dîner. Le cadre d'un repas leur semble le mieux adapté à la divulgation d'une information de nature à froisser l'orgueil soviétique. Mais Staline n'a pas attendu cette confidence pour se tenir informé. Des espions à la solde du pouvoir soviétique le renseignent régulièrement sur l'avancée des travaux américains, le « projet Manhattan ».

Le repas s'achève en toute cordialité. D'humeur joviale, le petit père des peuples se lance même dans un tour de table afin de faire signer le menu par tous les invités. Surpris, Churchill en lâcherait presque son cigare et son verre de cognac. « Je ne l'avais jamais imaginé en chasseur d'autographes ! » écrira-t-il dans ses Mémoires. Staline était, il est vrai, plus connu pour la chasse aux aveux signés sous la torture. Les agapes de Potsdam marquent la fin de la lune de miel. Le trio n'aura jamais plus l'occasion de festoyer ensemble. De retour à Moscou avec ses cartes de menus sous le bras, le sympathique chasseur d'autographes est redevenu le cynique collectionneur de territoires en Europe centrale. Sept mois plus tard, dans son célèbre discours de Fulton, Winston Churchill constate l'évidence : son voisin de table a fait tomber sur l'Europe un « rideau de fer », voué à rester baissé durant quarante-trois longues années de dictature communiste.

Durant ce cycle si crucial des conférences à trois, la magie de la *top table diplomacy* semblait pourtant avoir parfaitement opéré. À table, les *Big Three* avaient appris à mieux se connaître, à moins se détester, et des liens personnels s'étaient noués. On avait partagé les mêmes plats, les mêmes conversations, les mêmes blagues, la même musique, les mêmes cigares… Ces moments de convivialité paraissaient avoir atteint leur objectif : arrondir les angles et faciliter le dialogue entre des alliés que tout opposait. Mais l'art de la table n'est pas une science exacte. La formule de Talleyrand promettant d'obtenir de « bons traités » grâce à de « bons cuisiniers » est plaisante mais reste un trait d'esprit. On chercherait en vain le repas qui aurait changé le cours de l'Histoire. Un dîner réussi ne suffira jamais à empêcher le déclenchement d'une guerre.

Le pouvoir d'influence de la table ne se mesure pas, ne se pèse pas, ne se découpe pas en tranches napolitaines. Sa trace demeure invisible, vouée à rester une hypothèse indémontrable suivie d'une ribambelle de points d'interrogation. L'acte social du manger ensemble facilite *a priori* le dialogue et l'ouverture aux idées de l'autre. Ce lubrifiant injecté dans les pourparlers diplomatiques rend, suppose-t-on, plus aisée la signature d'accords et de contrats. Mais on peut tout aussi bien défendre l'opinion inverse. Les réceptions officielles et les discussions de salle à manger apparaissent à certains comme des figures protocolaires imposées et sans grandes conséquences. Une discussion entre les quatre murs d'un bureau ne produirait-elle pas exactement le même résultat ? Les relations internationales se font avec des hommes et des femmes qui s'apprécient ou non, mais les intérêts égoïstes des nations ne broient-ils pas *in fine* les rapports personnels qu'une table est censée faciliter ? Dès lors, tous les pâtés en croûte de la planète et les crus exceptionnels ne sont-ils que du folklore destiné à amuser la galerie ? En l'absence de certitudes sur l'impact réel de la diplomatie culinaire, les chancelleries font, en quelque sorte, le pari de Pascal. Aucun dirigeant digne de ce nom (même le moins gastronome) ne se prive de cette arme secrète dont on dit qu'elle peut faire des miracles. Bien recevoir à sa table n'offre aucune garantie de succès, mais accueillir un homologue sans mettre les petits plats dans les grands ne peut que passer pour un manque de considération.

Les dictateurs sont des êtres sensibles. Ils apprécient toutes les cajoleries boursouflant leur ego démesuré. Ne pas les accueillir avec tous les égards dus à leur incommensurable génie peut froisser une susceptibilité à fleur de peau. Les autocrates s'attendent tout naturellement à ce que leur sublime tube digestif soit dignement traité. Rompre le pain avec des hommes dont les mains sont tachées de sang n'est pas l'expérience la plus plaisante. Roosevelt (puis Truman) et Churchill ont joué cette carte de la séduction envers Staline dans le contexte très particulier de la Seconde Guerre mondiale. Dans un premier temps, cette diplomatie de l'assiette semble avoir porté ses fruits, avant que les visées expansionnistes de l'URSS en Europe ne fassent voler en éclats cette entente des « trois grands » construite avec force banquets et toasts d'amitié. Car le repas magique n'existe pas. La table ne peut pas tout.

Le « généralissime » sort de la Seconde Guerre mondiale auréolé de sa victoire sur l'Allemagne nazie. Politiquement plus puissant que jamais, élevé au rang de demi-dieu par la propagande d'État, Joseph Staline exerce son autorité en autocrate entouré d'un cercle restreint de fidèles à sa merci. Le parti c'est lui. Et comme le parti c'est l'État, il n'est pas exagéré de prétendre que l'Union soviétique ressemble de plus en plus à la propriété privée du camarade Staline.

Symbole de cet exercice solitaire du pouvoir, sa résidence personnelle de Kountsevo s'impose progressivement, et jusqu'à sa mort, comme un lieu de gouvernement alternatif. Blottie dans une forêt, à une dizaine de kilomètres du Kremlin, « la datcha proche » manque de charme mais pas d'espace. L'énorme bâtisse, aux allures de camp retranché, est entourée d'un vaste domaine de 25 hectares que le « guide » prend plaisir à faire prospérer. C'est précisément le type d'activité « contre-révolutionnaire » qui avait valu à tant de « koulaks » d'être passés par les armes dans les années 1930.

L'âge venant, Staline découvre le plaisir simple de manger et de partager avec ses invités les produits de sa propre terre. Il donne des indications très précises à l'intendant du domaine, un militaire qui suit à la lettre les ordres du « propriétaire ». Les archives soviétiques ont conservé des centaines d'instructions écrites de la main même de Staline et qui prouvent que le tsar rouge avait la main verte :

> « a) commencez à repiquer les pastèques et les melons le 10 mai ; b) taillez les surgeons des pastèques et des melons. [...] Semez du blé tous les 50 centimètres près de la maison principale et entre les pommiers près de l'étang, en allant vers le belvédère. Plantez aussi des haricots au même endroit. [...] Plantez des aubergines, du blé et des tomates le long de la clôture du jardin. »

Quand la récolte de pastèques est abondante, Staline fait envoyer les surplus aux magasins moscovites dont les étagères ne ploient guère sous le poids des denrées fraîches. Le petit père des peuples a lui-même dessiné les plans d'une orangerie et dirigé la plantation des pieds de vigne. Il supervise en personne les activités de la ferme où sont élevés des chevaux, des vaches, des poules, des canards, des poissons et des abeilles.

La « datcha n° 7 » devient un haut lieu du pouvoir bolchevique, au même titre que le bureau d'angle du Kremlin. « L'empire était gouverné depuis la table de la salle à manger », a résumé Viatcheslav Molotov. C'est dans le tintement des verres et des couverts que s'élabore la conduite des affaires : le sort des terres et le destin des hommes de l'immense empire soviétique. Une convocation à la table du *Vojd* est loin d'enthousiasmer les rares privilégiés à qui Staline ouvre sa porte. Une soirée typiquement stalinienne commence au Kremlin par la projection d'un long métrage avant de se poursuivre dans la datcha du dictateur. À la fin du film, souvent un western, personne n'ose décliner sa proposition d'un dîner « convivial » à la maison. Et qu'importe l'heure tardive, la prudence impose de se caler sur la chronobiologie très particulière du chef suprême.

Staline trouve rarement le sommeil avant quatre ou cinq heures du matin et ne voit par conséquent aucun inconvénient à ce que le dîner s'achève au chant du coq. Le maître des horloges se lèvera quand bon lui semblera, tandis que les membres du Politburo devront être à pied d'œuvre au petit matin. Ses compagnons de table préféreraient mille fois la douceur de leur lit à la dureté de la table stalinienne. Pourtant tous rivalisent d'exclamations enjouées quand Staline leur propose un souper à « la datcha proche ».

Les habitués de Kountsevo se comptent sur les doigts d'une ou de deux mains au gré des disgrâces et des retours en grâce. Gueorgui Malenkov, Lavrenti Beria, Nikita

Khrouchtchev, Nikolaï Boulganine, Viatcheslav Molotov, Anastase Mikoïan, Kliment Vorochilov figurent parmi les commensaux les plus réguliers. Le repas a toutes les apparences d'une bonne bouffe entre vieux amis. Les plus anciens se permettent d'interpeller leur hôte par son surnom de jeunesse : « Koba ». Le repas commence par une soupe chaude. Staline émiette du pain dans une grande assiette creuse, suivant la coutume de son village natal. Il recouvre le tout d'une seconde louchée. Puis arrivent sur la table poissons (surtout du hareng), gibier, pintade, canard, poulet, cailles en cocotte…

Autour du chef règne une obséquiosité de bon aloi. On se bat pour laisser les morceaux d'agneau les plus tendres et les plus adaptés à la dentition pourrie du dictateur. On feint de se passionner pour les souvenirs de jeunesse rabâchés du grand homme. Personne n'aurait l'idée de relever les incohérences et les invraisemblances des indulgences autobiographiques que s'autorise Joseph Staline. Chacun de ses traits d'humour macabre secoue les grosses bedaines de rires sonores et virils. On s'esclaffe quand Staline raconte une histoire « drôle » sur le zèle excessif de la Tchéka et du sinistre Beria.

> « Staline perd sa pipe préférée. Quelques jours plus tard, Lavrenti l'appelle : "L'avez-vous retrouvée ?" "Oui, répond Staline, je l'ai retrouvée sous le sofa." "Impossible ! s'exclame Beria. Trois personnes ont déjà avoué le crime !" »

À la table de l'empereur communiste vieillissant, de lugubres apparatchiks se métamorphosent en personnages à la Falstaff. Le jour, ces hommes redoutables tiennent leurs ministères d'une main de fer. La nuit, ils deviennent ces bouffons capables de toutes les pitreries pour tromper la solitude du tyran et égayer ses nuits sans sommeil.

L'alcool aidant, les boulettes de pain, les peaux d'orange se transforment en projectiles. Staline rit en voyant Molotov s'asseoir sur une tomate pourrie glissée sous son fessier par une main facétieuse. Staline rit en voyant Poskrebychev recracher un verre de vodka rempli de sel. Staline rit en voyant Khrouchtchev déambuler de chaise en chaise avec, accrochée au dos, l'inscription « connard ».

À la table du tyran, la servitude volontaire figure toujours au menu du jour. Par crainte de la disgrâce, synonyme de déportation ou de condamnation à mort, les invités acceptent ce petit jeu de l'humiliation. Tous savent qu'entre la salle à manger de Staline et les cellules de la Loubianka il n'y a qu'un pas que beaucoup ont franchi pour ne jamais revenir. Le dictateur peut savourer sa pipe le front haut, lisser d'aise ses grosses moustaches poivre et sel : l'élite dirigeante de la superpuissance soviétique lui mange servilement dans la main, la bouche asséchée par la peur.

Dans cette atmosphère aussi joviale qu'oppressante, certains tirent leur épingle du jeu en se faisant passer pour plus benêts qu'ils ne sont. Qui peut prédire qu'un apparatchik ventru et court sur pattes du nom de Nikita Khrouchtchev deviendra, quelques années plus tard, le successeur du « grand Staline » et le fossoyeur sans merci de son héritage politique ? Il est alors un collaborateur aussi fidèle que mal dégrossi dont le dictateur raille la vacuité intellectuelle en tapotant de sa pipe un crâne censé n'abriter que des courants d'air. Khrouchtchev joue docilement le rôle de la poubelle de table dont le maître des lieux moque la goinfrerie. Toute la tablée peut s'esclaffer à ses dépens, Beria en tête, c'est bien lui, Nikita Khrouchtchev, cet homme grassouillet sans prétention, qui finira par dominer l'URSS avant d'être écarté du pouvoir en 1964. Mais que de vexations ravalées en silence avant que l'ancien ouvrier ajusteur puisse se caler sur le trône stalinien encore tiède !

Parues en 1971 sous le sobre titre *Souvenirs*, les Mémoires de Nikita Khrouchtchev s'achètent aujourd'hui sans difficulté sur le marché d'occasion. L'ouvrage fleure bon la guerre froide. Une légère odeur âcre laisse supposer que les pages n'ont pas été tournées depuis longtemps. Sur la couverture rouge sang, la grosse bouille ronde et chauve du numéro 1 soviétique semble déjà appartenir à la préhistoire. Le style sans fard, fougueux et caustique de l'auteur colle parfaitement à la nature joviale et abrupte du principal architecte de la déstalinisation. Le récit des repas chez Staline figure parmi les pages les plus colorées de ces Mémoires.

« Nous ne quittions la table qu'au petit jour et ne rentrions chez nous que pour prendre le petit-déjeuner et repartir au travail, se souvient-il. Au cours de la journée, j'essayais de faire une petite sieste, à l'heure du repas de midi, parce que, sans prendre de sommeil, nous risquions toujours, si Staline nous invitait de nouveau, de piquer du nez dans notre assiette et pour qui s'endormait à la table de Staline, cela pouvait mal finir. » Khrouchtchev qualifie tour à tour d'« épouvantables », d'« interminables », d'« atroces » ces dîners tardifs auxquels il faut se préparer avec la discipline d'un athlète. On ne se lève de la table du tyran que pour uriner, déféquer ou… vomir. Même de hauts dignitaires étrangers – à l'instar du camarade Tito pris dans l'infernale cadence des toasts – doivent se prosterner devant la cuvette en faïence de la datcha n° 7.

Entre autres jeux puérils, Staline soumet ses invités à la devinette de la température extérieure. Trois degrés d'écart avec le thermomètre et ce sont trois verres de vodka que le perdant doit avaler cul sec. Certains tentent d'échapper aux beuveries du maître des lieux. « Je me souviens que Beria, Malenkov et Mikoïan, incapables de se mesurer à Staline, verre en main, s'étaient arrangés pour que les servantes leur servent de l'eau colorée à la place du vin [...]. Quand Staline comprit qu'on l'avait trompé, il entra dans une colère folle et fit un vacarme de tous les diables. » D'autres n'usent d'aucun stratagème et éclusent loyalement tous les verres que Staline impose de boire sous son toit, autant par goût que par soumission. Invité régulier à la datcha n° 7, le fidèle Andreï Jdanov finira par développer un alcoolisme qui le mènera tout droit au sanatorium puis au cimetière à l'âge de 52 ans.

Autre camarade tombé à ce champ du déshonneur, l'écrivain et cadre du parti Alexandre Chtcherbakov succombe d'une crise cardiaque au cours de sa quarante-troisième année.

> « Chtcherbakov nous dégoûtait tous, mais, naturellement, nous ne pouvions rien dire à ce propos, écrit Khrouchtchev. Il finit par se saouler à mort. Il buvait non point tant parce qu'il éprouvait un besoin irrésistible d'alcool, mais simplement parce que cela faisait plaisir à Staline, content de voir les gens autour de lui rouler sous la table. Pour me résumer, je dirais que Staline s'amusait à voir les gens se mettre dans des situations embarrassantes et mêmes honteuses. Pour je ne sais quelle raison, il trouvait dans l'humiliation des autres un plaisir extrême. »

Enivrer pour humilier. Humilier pour mieux régner... Telle est la griffe du leader suprême. Mais son hospitalité tyrannique ne se résume pas à ce cruel asservissement par la boisson. Les multiples toasts « d'amitié » remplissent un objectif plus pervers encore. L'alcool doit aider à percer à jour les plans des traîtres supposés. Pour faire parler les faux vrais amis, Staline connaît deux méthodes, l'une brutale : la torture ; l'autre moins violente : la saoulerie. Quand il demande à ses convives de passer à table, l'invitation peut se comprendre au sens propre comme au figuré. « Il nous forçait à boire pour nous délier la langue », écrira dans ses Mémoires Anastase Mikoïan, commissaire du peuple à l'Industrie agroalimentaire. *In vodka veritas…* Le dictateur croit aux vertus désinhibantes de l'alcool. Toutes ces réalités qu'on lui cache finiront, pense-t-il, par jaillir de ces bouches rendues imprudentes par l'ivresse.

Khrouchtchev décrypte parfaitement le *modus operandi* du leader soviétique, ainsi qu'il l'explique dans ses Mémoires :

> « Après ma mutation de Kiev à Moscou, mon successeur au poste de premier secrétaire du PC ukrainien, Melnikov, ainsi que Kiritchenko vinrent me voir à la capitale Moscou. Staline nous invita tous trois à dîner dans sa datcha de banlieue. Il les incita à boire et réussit dans son dessein. C'était la première fois qu'il recevait chez lui mes deux compagnons qui, considérant comme un grand honneur d'être régalés par lui, burent beaucoup. Mais je connaissais Staline bien mieux qu'eux. Je savais qu'il aimait enivrer les gens et que l'hospitalité était le cadet de ses soucis. Ce qui l'intéressait, c'était de mettre ses invités dans un état tel que les langues se délient. Il voulait les faire bavarder sur des sujets que, sobres, ils n'abordaient qu'après y avoir réfléchi à deux fois. »

Un invité averti en vaut deux… Autour de la table, les habituels compagnons de beuverie n'ignorent rien du piège qui leur est tendu. Ils évitent donc de s'alcooliser à outrance pour garder le contrôle. D'où la rage de Staline lorsqu'il découvre les manigances de ses invités pour se soustraire à son détecteur de mensonges.

Quant à compter sur l'ébriété du dictateur pour tromper sa vigilance, c'est se nourrir d'illusions. Staline a fini par se ranger à l'avis de ses médecins. Il ménage désormais son organisme en suivant une alimentation moins riche et en limitant sa consommation d'alcool. Par conséquent, il réserve les tord-boyaux à ses convives pour les pousser à la faute, se contentant de son cher vin de pays qui, dilué ou non, lui permet de garder les idées claires et l'ouïe affûtée.

Dans sa spacieuse salle à manger au parquet et aux murs lambrissés en pin clair de Carélie, le « guide » de l'Union soviétique, mélomane averti, choisit les disques qu'il pose lui-même sur un vieux gramophone. Staline a développé un goût surprenant pour les disques de sketchs comiques, comme ces vocalises d'une chanteuse accompagnées par des aboiements de chiens qui le font rire aux éclats. Plus incongrues encore sont les danses qui concluent parfois ces soirées.

Malgré une corpulence très éloignée de celle d'un danseur étoile, le bon Nikita s'exécute quand il faut danser le très acrobatique « gopak » ukrainien, mission qu'il accomplit avec l'aisance d'une vache sur la glace. Le rusé Khrouchtchev est un vrai manuel de survie à l'usage des invités du tsar rouge. « Quand Staline dit on danse, il vaut mieux s'exécuter si l'on veut garder la tête sur les épaules », recommande-t-il un jour à un convive réticent. Outre Khrouchtchev suant sang et eau pour ne pas perdre l'équilibre lors de son drolatique « gopak », Mikoïan exécute la « lezginka », danse acrobatique traditionnelle pratiquée dans le Caucase et en Turquie orientale.

Les épouses étant rarement conviées à ces agapes chargées en testostérone, des couples improbables d'apparatchiks ventripotents se forment. Depuis les années 1930, Staline adore suivre les pas assurés de Molotov, glissant sur les planchers cirés dans les bras d'un partenaire masculin. Malgré le grotesque de la situation, jamais l'austère chef de la diplomatie soviétique n'abandonne ses airs guindés de grand technocrate.

Ayant perdu son partenaire favori, Pavel Postychev, passé par les armes en 1939, Molotov doit trouver des remplaçants. Le chef de la sécurité intérieure polonaise, le très stalinien Jakub Berman, aura ce déroutant privilège de valser dans les bras du ministre des Affaires étrangères de Staline. Une valse lente avec Molotov figure au rang des expériences mémorables de sa vie. « Je fis glisser mes pieds en rythme, comme une femme. Molotov menait la danse. Il n'était pas mauvais. J'essayais de garder le rythme, mais j'avais plus l'air d'un clown que d'une danseuse. C'était amusant, bien qu'on sentît une certaine tension. Pour nous, ces soirées dansantes étaient une bonne occasion de nous chuchoter ce que nous ne pouvions décemment dire tout haut. » En accord avec Staline, Molotov profitera de cette valse pour mettre en garde l'homme de confiance de Moscou contre les risques d'infiltration de la Pologne par des organisations ennemies.

Dans l'esprit de plus en plus détraqué du dictateur communiste, l'idée s'amplifie qu'un danger rôde partout autour de lui : dans la seringue des médecins juifs qui le soignent tout comme dans les plats qui atterrissent sur sa table. Le dictateur vieillissant n'a plus confiance en personne. Seuls les esprits naïfs admirent ses manières simples en le voyant déboucher lui-même les bouteilles de sa cave personnelle ou inviter ses convives à goûter avant lui le vin qu'ils ont apporté.

Tous les dîneurs attablés deviennent *de facto* les goûteurs de Staline. Personne n'est dupe, Khrouchtchev moins qu'un autre.

> « Quand nous étions invités chez lui, le repas se composait de ses plats préférés que ses cuisiniers préparaient admirablement. C'était savoureux. Mais se mettre à table comportait

tout un cérémonial. Par exemple, chacun se voyait assigner un plat qu'il devait entamer avant que Staline y touche. Quand il désirait quelque chose, il disait : "Tiens, il y a des abattis de volaille, Nikita. Tu en as déjà pris ?" "Oh ! J'ai oublié..." Je voyais bien qu'il en avait envie mais qu'il craignait d'en manger. J'y mordais et il se servait après. Ensuite, il reprenait : "Regarde ! Il y a des harengs !" Il les adorait et les faisait servir non salés, chacun les épiçant à son goût. J'y tâtais et il en prenait à son tour. Il en était ainsi pour chaque mets qui avait son "essayeur" attitré chargé de déceler le poison qu'il aurait pu contenir. »

Avec l'âge, le naturel méfiant de Staline atteint des proportions qui semblent relever de la psychiatrie. En témoigne le fameux « complot des blouses blanches » qui révélera toute l'étendue de son antisémitisme.

Néanmoins, ses craintes de mourir empoisonné sont-elles totalement infondées ? Hier comme aujourd'hui dans la Russie postsoviétique, l'assiette inquiète. Les aliments servis à Vladimir Poutine sont testés en laboratoire avant d'être goûtés par des médecins militaires. Le chariot transportant les plats est intégralement recouvert de cellophane afin d'empêcher toute « interférence ». Le Kremlin est d'autant plus sensibilisé à la question que les agents russes passent eux-mêmes pour des orfèvres dans l'art de « pimenter » les plats de poisson de doses létales de dioxine pure ou dans celui de diluer du polonium 210 dans les tasses de thé.

Alors que s'achève son règne de terreur, Staline peut nourrir des doutes sur la loyauté de son entourage. Son passage de vie à trépas en arrangerait plus d'un. Il le sait mieux que quiconque. Qui vit par l'épée périra par l'épée. Son regard noir, assombri par la paranoïa, tente de débusquer le traître. Le fidèle Molotov serait sûrement tenté de verser du bromure dans son vin pour venger sa femme, une Juive, déportée pour « trahison », sur ses ordres. Quant à ce serpent de Beria, l'homme des basses besognes, il ne reculerait devant rien pour hériter de la couronne soviétique tant convoitée. Ne devrait-il pas aussi se méfier de Khrouchtchev qui cache parfaitement son jeu derrière ses airs de gros ourson ukrainien ? À moins qu'ils unissent leurs forces perfides, cuisiniers compris, pour le liquider. Il les fait tous trembler de peur. Ils savent ce dont il est capable. Tous craignent que leur nom ne figure un jour sur l'une de ces longues listes noires qu'il coche consciencieusement à son bureau.

La thèse officielle sur la mort de Staline a été largement acceptée sans toutefois convaincre tout le monde. Les sceptiques préfèrent imaginer un tyrannicide plutôt qu'un décès provoqué par une banale attaque cérébrale. Les prétendants à ce rôle ne manquaient pas. L'homme qui devait tout à Staline, Nikita Khrouchtchev, n'attendra pas trois ans avant de détruire brutalement la réputation et l'héritage politique du « guide ». Le mobile du meurtre n'est-il pas écrit noir sur blanc dans l'épais rapport présenté lors du XXe congrès du PCUS le 25 février 1956 ? Et si la déstalinisation avait commencé par la suppression de Staline lui-même ?

À la fin de sa vie, le dictateur se méfiait surtout de Beria qu'il avait, un jour, affectueusement surnommé « notre Himmler », « le chef de notre Gestapo ». Cynique, brutal, dévoré d'ambition, celui-ci était bien placé pour savoir que, sous Staline, le doute ne profitait jamais à l'accusé. Or son étoile avait sérieusement pâli dans la galaxie soviétique. Un dossier avait été monté de toutes pièces pour l'éliminer. L'ancien chef du NKVD, qui torturait de ses propres mains, risquait à son tour de se trouver jeté dans une cellule de l'effrayante Loubianka.

Tuer avant d'être tué… Selon la thèse défendue par l'historien russe Nikolaï Dobrioukha, Beria se serait décidé à frapper le premier en utilisant une arme du crime pour le moins exotique : le venin rare d'un serpent ou d'une araignée.

Il s'agit d'une théorie parmi d'autres. Mais, jusqu'à preuve du contraire, Joseph Staline a succombé à une attaque cérébrale consécutive à l'un de ses nombreux coups de sang. Du fait d'une hygiène de vie assez déplorable, le dictateur était en très mauvaise santé depuis plusieurs années. Sa lente et mystérieuse agonie a néanmoins soulevé un certain nombre d'interrogations. L'incompétence et la peur suffisent-elles à expliquer la lenteur des secours et des soins prodigués au mourant ?

Le 4 mars 1953, Radio-Moscou annonce au monde que Joseph Staline a été victime d'une hémorragie cérébrale. Deux jours plus tard, des roulements de tambour résonnent dans le poste : « Le cœur du compagnon d'armes de Lénine, le porte-drapeau de son génie et de sa cause, le sage éducateur et guide du Parti communiste et de l'Union soviétique, a cessé de battre. » L'heure est au drame. Il faudra bien des années avant que ne fuitent les détails croustillants de l'agonie du grand frère de l'humanité.

Le dernier « repas » de Staline – plus mort que vivant – nous est raconté par l'incontournable Khrouchtchev. Pour la première fois depuis son attaque, le malade a repris conscience…

« On lui donna un peu de soupe et de thé léger à la cuillère. Il souleva la main gauche et amorça un geste pour désigner quelque chose sur le mur. Ses lèvres esquissèrent ce qui ressemblait à un sourire. Je compris ce qu'il essayait de dire et j'attirai l'attention des autres. J'expliquai pourquoi il montrait la cloison. On y avait accroché une photo découpée dans le

> magazine *Ogoniok*, la reproduction du tableau de je ne sais quel artiste, représentant une fillette allaitant un agnelet à l'aide d'une corne. Comme en cet instant on l'alimentait à la cuillère, Staline tentait de dire : "Je suis dans la même situation que cet agneau que l'enfant nourrit à la corne. Vous faites de même pour moi avec votre cuillère." »

Le mourant a-t-il esquissé un sourire attendri face au tableau touchant de l'innocence ? À moins que l'incongruité de la scène ait réveillé, même à l'article de la mort, son penchant naturel pour l'humour noir. N'était-ce pas cocasse de se trouver dans la position de l'agneau de lait nourri par une main charitable quand on avait fait mourir de faim des millions de personnes ? Cette situation à fronts renversés ne manquait décidément pas d'ironie. Lui, le grand Staline, mourait comme il n'avait jamais vécu : pur comme l'agneau qui vient de naître…

Saddam Hussein

Les ventres pleins ne songent pas à faire la révolution

Remplir le frigidaire à ras bord. Qu'il déborde de victuailles sans qu'il y reste la moindre place, même pour un bouquet de menthe fraîche ! Régime de dattes, cuisses d'agneau et lait de chamelle : les entrailles du frigo familial doivent afficher complet. Les ordres du Parti baassiste sont stricts : quand la main de « Celui qui a été consacré » ouvrira la porte, le réfrigérateur vomira son trop-plein de nourriture à la face du pays. Personne ne veut décevoir Saddam : au moment où le rideau se lèvera sur le garde-manger, il devra incarner le symbole d'une nation repue, prospère et heureuse sous l'autorité éclairée de son guide. D'où lui est venue l'idée de ces « visites surprises » dans les cuisines des Irakiens ? Nul ne le sait vraiment. En tout cas, le spectacle télévisé du Saddam Hussein des années 1970 inspectant les frigos des braves ménagères atteint toujours son but : faire découvrir aux Irakiens un guide aimant, attentionné, s'assurant en personne que son peuple mange à sa faim.

Le Parti baassiste, plus que le hasard, fait bien les choses et les frigos vrombissent d'aisance. À chaque ouverture de porte, une cohorte d'olives dodues, de tomates juteuses, de cuisses de poulet citronnées, de poissons charnus et de pâtisseries orientales s'offrent au regard satisfait de

Saddam, lui susurrant la mélopée mielleuse de la réussite économique du pays. Les réfrigérateurs irakiens racontent somme toute assez peu de fariboles. Dans les années 1970, l'envolée des cours du pétrole a fait de l'ancienne Mésopotamie un État riche où le peuple n'a plus à se serrer la ceinture. Saddam Hussein n'a pas encore précipité son pays dans une guerre ruineuse avec l'Iran. Il n'a pas mis à exécution son désastreux projet d'invasion du Koweït. Le pays n'en est pas encore réduit à mendier de la nourriture en échange de barils de pétrole.

Frigo, mon beau frigo, dis-moi que je suis le plus fort ! Si le nouveau maître de l'Irak plonge ainsi son nez dans le garde-manger de ses compatriotes, c'est aussi que la vision des étagères surchargées le rassure. Les Irakiens ne sont pas des contemplatifs. Leur nature bouillonnante ne les incline guère à tendre l'autre joue en pardonnant à ceux qui les ont offensés. Au XXe siècle, révolutions et coups d'État militaires en cascade ont empourpré les eaux de l'Euphrate et du Tigre du sang de dirigeants chassés du pouvoir. Pour échapper à un tel sort, Saddam Hussein sait qu'il doit manier le bâton, exercice pour lequel il a montré de réelles dispositions. Mais il ne délaisse pas non plus la carotte. La nourriture, c'est l'opium qu'il offre au peuple. « Les ventres pleins ne songent pas à faire la révolution », a-t-il théorisé.

Son enfance de crève-la-faim dans le village d'al-Aujeh, à l'est de Tikrit, lui a enseigné que la rage naît d'abord dans l'estomac avant de se propager aux autres organes. Le manque de tout lui a appris très jeune la résilience, la ruse, la débrouillardise et la brutalité. Errant sans chaussures aux pieds, Saddam est ce que les Arabes appellent un *ibn aziqa*, un « fils des ruelles », privé d'éducation et de vraie famille.

Né chez des paysans désargentés, orphelin de père, le jeune Saddam avale surtout les coups administrés en abondance par un beau-père abusif. Pour le reste, la nourriture est un combat quotidien dans cette région de l'Irak qui se distingue par sa production agricole famélique. Le gamin peut se faire voleur d'œufs et de poules dans les rues poussiéreuses de Tikrit afin d'améliorer le triste ordinaire des repas familiaux. Les dîners se déroulent dans la seule pièce de la maison où tout le monde s'entasse pour manger du riz. Dans la gare ferroviaire de la ville, le jeune Saddam assaille les voyageurs de la ligne Mossoul-Bagdad, des tranches de pastèque à la main pour les échanger contre quelques dinars.

Quand on a manqué de tout, on ne se prive de rien le jour où la bonne fortune finit par nous sourire. L'enfance miséreuse de Saddam Hussein a nourri une inextinguible soif de revanche sociale qu'il s'efforce d'étancher à grand renfort de palais exubérants, de limousines scintillantes, de costumes et de chaussures de marque. À table, seuls les meilleurs cigares cubains et les whiskys les plus fins pactisent avec les moustaches du dictateur. Les repas sans viande ni poisson ne sont plus qu'un lointain souvenir, chassé de sa mémoire tel un mauvais rêve. Pour autant, il n'a pas coupé le cordon ombilical alimentaire le reliant à Tikrit. L'homme fort de Bagdad se fait servir en son palais une soupe qui rappelle l'enfance et la canaille. Saddam l'a baptisée « soupe de poisson des voleurs ». Ce potage à base d'un poisson local, le *gattan*, accompagné d'oignons frits, de tomates, d'abricots, d'amandes, d'ail et de persil est, dit-il, très apprécié des traîne-savates et des malfrats de sa ville natale.

Formidable moyen de remonter le temps, le goût a le pouvoir de faire ressurgir des souvenirs précis de l'enfance. À l'instar de la proverbiale madeleine de Proust trempée dans l'infusion de thé de tante Léonie, la réminiscence d'une saveur s'imprègne de nostalgie, voire de mélancolie. Les jours heureux de la jeunesse ont disparu, ils ne reviendront plus. Mais l'enfance bourgeoise de Proust n'a aucun rapport avec celle du « fils des ruelles » de Tikrit. Dans son cas, le passé n'évoque que les coups, la misère et la privation. Si Saddam Hussein reste farouchement fidèle à la cuisine irakienne traditionnelle, n'est-ce pas précisément pour rattraper le temps perdu, ces plats qu'il n'a pas mangés, ces plaisirs simples qu'il n'a pas connus ? Les victuailles des étalages de marché, il ne pouvait les dévorer que des yeux, laissant aux nantis le privilège de les acheter. Tous ces plats appétissants dont d'autres se repaissaient, l'homme fort de Bagdad peut aujourd'hui s'en faire péter la panse. La madeleine de Saddam conservera à jamais un arrière-goût de rage et de revanche sociale.

Les grands destins doivent garder leur part de mystère. La rumeur prétend qu'il aurait trafiqué sa date de naissance par coquetterie machiste. Il se serait vieilli de deux ans pour cacher que sa tendre Sadjida était plus âgée que lui. 1937 ou 1939 ? La belle affaire ! Il était de toute façon trop jeune pour s'en souvenir. Les mauvaises langues mériteraient de faire connaissance avec les pinces coupantes du régime baassiste pour leur apprendre à médire. Le plus important n'est-il pas que le peuple, uni dans l'amour de son grand leader, célèbre avec ferveur chaque 28 avril, cette date bénie d'Allah ? La journée reste chômée afin de permettre à tous les Irakiens de fêter l'événement en famille, entre amis, entre voisins. Lui, Saddam, la sent de tout son cœur cette joie dans les foyers. Le bon peuple s'agglutine autour des téléviseurs pour suivre en direct sa soirée d'anniversaire. Les caméras retransmettent ses déambulations le long de tables de banquet richement garnies tandis que des chorales d'enfants s'époumonent à chanter ses louanges.

L'amour que lui voue la nation se matérialise sous la forme d'une montagne de colis et de cartes postés des quatre coins du pays. Pour l'occasion, il est vêtu de blanc de la tête aux pieds, costume blanc, chaussettes blanches, chaussures blanches… Lui, le raïs, s'est confortablement installé dans une grande chaise dorée aux allures de trône. Vient enfin le point d'orgue de la journée : le gâteau d'anniversaire. Qu'il est haut ! Qu'il est grand ! Deux mètres de long sur trois mètres de haut, avec le nombre approprié de bougies. Pas une de plus et surtout… pas deux de moins. L'œuvre pâtissière représente la Mésopotamie antique avec des palmiers, des rivières et des animaux en sucre du meilleur effet. Un bref instant, il repense à son enfance. Un gâteau aussi monumental n'aurait pas même pu passer la porte étroite de la masure familiale.

Les racines bédouines de Saddam Hussein, qu'il ne revendiquera jamais aussi ouvertement que Kadhafi, se révèlent par petites touches discrètes. Lors de discussions tendues avec le cheik d'une grande tribu d'Obeid sur une affaire de meurtre, on a vu le futur président tremper son pain dans son yaourt à la manière de ses aïeux. Il affectionne les repas au grand air, autour d'un barbecue, sous le ciel d'une nuit étoilée. Essentiellement constitué de pain et de miel, son petit-déjeuner s'accompagne aussi de lait de chamelle rapporté des villages. Dans les années 1970, il a fallu à l'étoile montante du Baas se débarrasser des mauvaises manières, ou supposées telles. Ses mains manucurées d'assassin ont fini par domestiquer les couverts en argent massif, lui dont les menottes d'enfant pauvre se servaient à même le plat familial. S'essuyer les doigts huileux dans la nappe ou sur la tunique est une habitude désormais proscrite. Ses usages de table doivent refléter l'image d'un jeune dirigeant moderne, raffiné et éclairé, celle qu'il veut donner de lui en Irak comme à l'étranger.

Dire qu'il y parvient totalement serait mentir. Lorsqu'il arrive à Paris en septembre 1975, le vice-président du Conseil de commandement de la révolution reçoit les honneurs d'ordinaire réservés à un chef d'État. Saddam Hussein n'est que le numéro deux du régime mais se présente déjà comme l'homme fort de Bagdad. La République française a mis les petits plats dans les grands comme elle sait le faire pour l'accueil de dignitaires diplomatiquement incorrects mais aux poches bien remplies. L'enjeu n'est pas mince : il s'agit de vendre à Bagdad deux centrales nucléaires, dont le puissant réacteur Osirak fonctionnant à l'uranium enrichi. Les affaires sont les affaires et la table fournit un cadre idéal pour faciliter la signature des gros chèques. Saddam Hussein est dignement reçu dans les salons de la présidence de la République. Le charismatique chef des cuisines de l'Élysée, Marcel Le Servot, a concocté un menu royal en l'honneur du jeune dirigeant irakien : bar farci champenoise en croûte, selle d'agneau Médicis, escortée de pommes Anna, salade, fromage, nougatine glacée à la fraise.

Valéry Giscard d'Estaing en a-t-il profité pour mentionner, entre la nougatine et le fromage, ses fameux dîners chez les Français ? Si la presse hexagonale se moque de sa trouvaille, Giscard assure que son initiative a rencontré « un large écho dans le monde », suscitant la curiosité de Jimmy Carter et de Deng Xiaoping en personne. Peut-être Saddam Hussein s'est-il lui aussi inspiré de ce président que la planète entière nous envie en effectuant ses descentes impromptues dans les foyers irakiens pour, à son tour, regarder son pays « au fond des yeux » ?

Cependant, un monde sépare l'énarque polytechnicien au raffinement aristocratique et le grand escogriffe irakien au comportement rustre. Le courant passe davantage avec Jacques Chirac qui s'est porté volontaire pour chaperonner Saddam Hussein durant son voyage en France. Le Premier ministre a cueilli son invité de marque à l'aéroport d'Orly, direction le Centre d'études nucléaires de Cadarache, dans le Sud-Est. Pour joindre l'utile à l'agréable, le Premier ministre a réservé trois nuits dans une auberge triplement étoilée des Baux-de-Provence, l'Oustau de Baumanière.

Tout a été dit ou presque sur l'appétit d'ogre de Chirac capable de faire disparaître des kilos de tête de veau, de choucroute et de cochonnailles dans un tube digestif sculpté en forme d'entonnoir. Quand l'homme évoque un petit creux, il faut s'imaginer un trou noir céleste prêt à engloutir des montagnes de saucisses. Cette image de Grandgousier sympathique a astucieusement effacé des esprits le portrait plus anguleux d'un Chirac carnassier, nourri toute sa vie dans les plus beaux palais de la République. La commensalité chiraquienne renferme une grande variété de tiroirs. En politique comme à table, il s'inspire du caméléon capable de changer au gré des circonstances. Dans les salons lambrissés éclairés de lourds chandeliers en cristal, Chirac dîne aux côtés des têtes couronnées avec la même aisance qu'il saucissonne sur une toile cirée dans le brouhaha d'un comice agricole. Qu'elle soit de bonne ou de mauvaise facture, la nappe s'offre à lui comme un terrain de jeu sur lequel il déverse tout son charme.

En cette fin d'été provençal, le domaine de Baumanière se présente comme le cadre idéal pour attendrir un jeune dirigeant arabe auquel il faut vendre des réacteurs nucléaires. Au propriétaire des lieux, qu'il connaît bien, Chirac a réclamé une atmosphère décontractée. À la faveur d'un voyage en Irak quelques mois plus tôt, le Premier ministre a pu cerner son invité. Sensible aux flatteries protocolaires à la mesure de la haute estime qu'il a de lui-même, Saddam Hussein n'en apprécie pas moins les rapports directs, les relations viriles d'homme à homme tissées autour d'un méchoui ou d'un gigot d'agneau. Le chef du gouvernement français passe dès lors d'un registre à l'autre, alternant des réceptions officielles où tournoient des maîtres d'hôtel en livrée et des repas plus intimes au bord de la piscine. Dans le premier tome de ses Mémoires, Jacques Chirac évoque des moments de table « mémorables » sans malheureusement épiloguer, comme si sa plume ne voulait pas s'appesantir davantage sur cette amitié qui finira par devenir embarrassante.

« Mémorable », ce séjour de trois jours l'aura été pour le personnel de maison du domaine provençal. C'est avec une pointe d'effroi que le valet de chambre frappe à la porte de la suite du vice-président irakien pour y déposer le plateau du petit-déjeuner. Derrière la porte, il tombe nez à nez avec un garde du corps, pistolet à la ceinture, tandis qu'un autre gorille dort au pied du lit de Saddam Hussein.

Les vœux de Chirac ont été exaucés. Son invité irakien se sent à l'Oustau de Baumanière comme chez lui, peut-être un peu trop... Le dernier jour du séjour, Saddam Hussein fait souffler un vent de panique en prenant les affaires culinaires en main. Il veut mettre à l'honneur la gastronomie moyen-orientale et fixe lui-même le menu du dîner : soupe de lentilles, mérou grillé, agneau farci à la cannelle... De mémoire d'aubergiste étoilé, jamais un invité étranger n'avait osé ordonner un changement de menu à quelques heures du repas. Stocké dans la chambre froide, le canard à l'orange doit céder sa place à des pièces d'agneau et de poisson qu'il faut trouver dans la précipitation pour une table de… cinquante convives.

Avant le retour à Paris, où est prévu un dîner de gala dans la galerie des Glaces du château de Versailles (ce symbole de l'absolutisme royal si apprécié des dictateurs en visite), Jacques Chirac emmène son ami irakien dans les arènes locales. Le maire a organisé un lâcher de vachettes de nature à divertir l'homme fort de Bagdad. De fait, Saddam Hussein se prend au jeu des enchères qui récompensent les jeunes du village capables de décrocher les cocardes accrochées aux cornes des bovidés. La stupeur gagne les travées des arènes quand le speaker annonce que le nouvel ami de la France offre au vainqueur la somme de… 50 000 francs.

À Paris, Saddam Hussein est logé à un jet de pierre du palais de l'Élysée, à l'hôtel de Marigny, lieu de séjour habituel des présidents et des rois en visite. Trente-deux ans plus tard, Mouammar Kadhafi y plantera sa tente de nomade. L'esprit bédouin aide probablement à se sentir chez soi partout… Les gardes du corps de Saddam patrouillent dans les couloirs du palais républicain, mitraillette à la main. Quant aux cuisiniers irakiens, ils ont pris possession des fourneaux. Avec toujours la même hospitalité envahissante, le dirigeant baassiste a invité son nouvel ami français à un dîner typiquement irakien.

L'empreinte carbone n'est pas une préoccupation de l'époque. Sur ordre de Saddam Hussein, un avion de la flotte irakienne a rapporté du pays une cargaison entière de *masgouf*. Cette grosse carpe pêchée dans les eaux du Tigre fait la fierté du pays. Assaisonné avec du sel, du poivre et du tamarin, le poisson est mariné dans de l'huile d'olive sans être écaillé et s'accompagne d'oignons en tranches, de tomates, de concombres et de riz. La cuisson du *masgouf*, au contact d'un feu de bois, est une ode à la lenteur. En attendant de passer à table, vers 22 h 00, Jacques Chirac profite du crépitement de la graisse de poisson et du fumet de chair carbonisée qui enveloppe l'hôtel de Marigny. D'un naturel pressé, le « bulldozer » prend son mal en patience. La vente de deux centrales nucléaires vaut bien un barbecue dans les palais de la République.

Saddam Hussein n'est pas un grand voyageur. Même brièvement éloigné de ses terres, il se languit des saveurs irakiennes. La gastronomie européenne ne l'a jamais fait saliver. Quand du steak est au menu, ses cuisiniers l'affublent de l'épithète « saddamiste » pour rendre le plat plus appétissant. Il préfère de bien loin l'agneau, la viande moyen-orientale par excellence. Ses papilles gustatives ne jurent que par la cuisine irakienne qui gonfle l'orgueil national de ses habitants avec ses *shish kebabs*, ses *shawarma*, ses *kubbah* (boules de viande avec de la tomate et du boulgour), son *dolma* (viande et riz enrubannés dans de la feuille de vigne), son *pacha* (soupe à base de tête de mouton) et son incontournable *masgouf*. Pour terminer le repas sur une note sucrée, les Irakiens dégustent quelques *kleicha*, biscuits aux dattes aromatisés à la cardamome, et des *halawat sha'riyya*, dessert d'origine persane composé de vermicelles minces et sucrés mariés avec des noix croquantes.

Très soucieux de son apparence, Saddam Hussein est un gourmand qui se surveille. « Un plat sans sel, sans huile et qu'il soit délicieux », ordonne-t-il à ses cuisiniers. Par goût, et peut-être aussi pour surveiller une silhouette à géométrie variable, le président irakien se nourrit régulièrement de soupes à base de courgettes, de lentilles ou de gombos, autant de produits qui se trouvent aisément en Irak.

Bonne terre ne saurait mentir. Ce berceau de la Mésopotamie, qui a donné au monde le roi Nabuchodonosor, l'héroïque Saladin et… le grand Saddam Hussein, peut-il offrir autre chose que les nourritures terrestres les plus exquises ? Et qu'importent les mérites comparés des gastronomies nationales. La cuisine irakienne dépasse toutes les autres parce qu'elle est la sienne. Elle raconte l'histoire de son pays, elle narre l'épopée de ses grands hommes au rang desquels il s'est lui-même hissé. Ce nationalisme panarabe qu'il a chevillé au corps et aux tripes, le raïs veut le voir mijoter dans ses marmites.

Le chauvinisme culinaire est une forme douce de patriotisme. Si le roman national s'écrit dans le souvenir glorifié de figures historiques, de victoires, de conquêtes, de découvertes, l'expérience du quotidien joue elle aussi sa partition dans la sédimentation de la psychologie collective. Par-delà les goûts individuels et les différences régionales, l'héritage gastronomique et la célébration de plats « nationaux » contribuent au sentiment d'appartenance à une seule et même communauté. Cet ethnocentrisme culinaire nourrit une croyance collective dans la supériorité de sa cuisine et, par extension, dans sa supériorité tout court. Un pays qui laisse sa gastronomie se dissoudre dans le magma informe de la globalisation, se pliant à une standardisation des goûts, est un peuple qui doute de ses valeurs et abandonne un peu de son âme nationale. À l'inverse, le rejet de toute influence extérieure calcifie ce patrimoine immatériel dans un repli sur soi et un nationalisme obtus qui appauvrit plus qu'il n'enrichit.

Les goûts assez bruts du « chef glorieux » de l'Irak n'exigent pas de ses cuisiniers un talent hors du commun. Le profil sociologique des tyrans fait rarement d'eux des fines gueules dont le palais se révolterait à la moindre imperfection. À l'inverse, satisfaire un souverain ou un président issu d'une grande famille demande des compétences techniques autrement plus élevées. Façonné par le milieu social d'origine, le goût s'est forgé une mémoire longue qui transcende les générations. Le descendant d'une noble lignée a hérité, dès le berceau, d'une forme d'habitus et de bon goût inné difficiles à contenter. L'expression « être né avec une cuillère d'argent dans la bouche » en dit long sur le sujet.

Depuis la Renaissance, les têtes couronnées ont constamment cherché à attirer des chefs d'exception pour servir en leur palais une cuisine raffinée à la mesure de leurs très hautes exigences. S'y ajoute la valeur très symbolique des repas de réception où se joue l'honneur d'un pays, la réputation d'une maison. « Je ne survivrai pas à cet affront-ci », se serait écrié l'intendant François Vatel, préférant se donner la mort plutôt que de subir le déshonneur d'une marée vainement attendue au château de Chantilly, après les mille et une turpitudes de table qui avaient entaché la noble réputation du prince de Condé.

Si diriger les cuisines d'un président démocratiquement élu requiert des nerfs d'acier, assurer la charge des fourneaux d'un tyran double la dose du stress consubstantiel à la fonction. La nature paranoïaque du régime, le tempérament souvent éruptif du maître des lieux, la valeur très relative de la vie humaine ajoutent une part inquiétante d'irrationnel dans l'exercice du métier. Un plat trop salé, ou supposé tel, devient un acte de défiance voire de malveillance à l'égard du leader suprême. De banales douleurs d'estomac éveillent aussitôt des soupçons lourds de menaces pour le chef.

L'impulsif Idi Amin faillit tuer son cuisinier accusé d'avoir empoisonné l'un de ses fils, tordu de douleur après un repas. Le jeune homme avait hérité de l'appétit orgiaque de son père mais pas d'un tube digestif à la hauteur. Le fils glouton souffrait en fait d'une accumulation de gaz que ses intestins ne parvenaient plus à libérer. Le chef eut le bon réflexe d'emmener en urgence le fils du dictateur ougandais à l'hôpital. Le médecin appuya à divers endroits du ventre, provoquant un concert de flatulences… lesquelles soulagèrent le patient et davantage encore le cuisinier.

Hormis un mal de dos tenace que Saddam Hussein tente d'apaiser en étirant sa lourde silhouette d'un mètre quatre-vingt-huit d'un bout à l'autre de ses piscines, il jouit d'une santé de fer et d'une constitution robuste. Que ce surhomme tombe malade tel un simple mortel fait aussitôt naître la suspicion. Dans le livre passionnant du journaliste écrivain polonais Witold Szabłowski, *How to Feed a Dictator*, l'un des chefs de Saddam Hussein, Abu Ali, raconte que, une nuit, la sécurité présidentielle place en état d'arrestation la brigade du palais. Toutes les mains qui ont approché l'assiette du raïs sont soumises à des relevés méthodiques pour trouver d'éventuelles traces de poison. Les cuisiniers apprendront plus tard que le raïs ne s'était pas senti parfaitement dans son assiette ce soir-là.

Comme tout tyran digne de ce nom, Saddam Hussein craint l'empoisonnement. Le recrutement des cuisiniers et du personnel de maison fait l'objet de contrôles poussés. À quelques exceptions près, parmi lesquelles le chef Abu Ali, les musulmans sont écartés de ces postes sensibles. L'autocrate de Bagdad part visiblement du principe que l'on est toujours trahi par les siens. Pour son service, il préfère s'appuyer sur les minorités chrétiennes et kurdes. Avant de passer sous les moustaches de Saddam, la nourriture est bien sûr testée par des goûteurs. Des échantillons du repas servi sont par ailleurs conservés quelques jours dans les réfrigérateurs du palais en cas d'enquête criminelle.

Sans l'ombre d'un doute, une tentative de tyrannicide par l'assiette serait punie du châtiment suprême. Le seul débat porterait sur le type de tortures moyenâgeuses à infliger au coupable et sur l'opportunité d'en faire profiter ou non sa famille et ses proches. Qu'en est-il en revanche d'un banal empoisonnement alimentaire ? Dans toutes les cuisines présidentielles du monde, le spectre des bactéries et des salmonelles donne des sueurs froides au chef. Aux fourneaux d'une dictature, la propreté et l'hygiène deviennent une préoccupation encore plus obsédante. Le ventre du dictateur relève quasiment du sacré. Nul ne veut infliger une tourista homérique à l'homme qui a droit de vie et de mort sur tous les citoyens du pays. Surtout quand le dirigeant en question n'a pas la réputation de renoncer facilement à cette prérogative.

Nourrir Saddam Hussein n'est clairement pas une sinécure pour le chef de cuisine. Le même plat, avec une recette, des ingrédients, des dosages et une cuisson identiques, peut lui valoir des propos louangeurs un jour, des critiques acerbes le lendemain. Cette cyclothymie du goût épouse en fait la courbe accidentée de l'humeur versatile du raïs. De ce point de vue, les papilles d'un dictateur diffèrent peu de celles du commun des mortels. La perception des saveurs reste une affaire éminemment psychologique, soumise à la tyrannie des sentiments. Le subjectif se glisse dans l'assiette sans que le cuisinier y puisse grand-chose. Exercer des fonctions de pouvoir, surtout despotique, n'a jamais été de tout repos. Les mauvaises nouvelles ont cette irritante habitude de voler en escadrille. Dès lors, les papilles d'un dictateur sont probablement soumises à des variations sensorielles plus importantes que celles d'un autre homme.

Abu Ali doit donc accepter sans broncher des reproches souvent injustes et même des prélèvements de cinquante dinars sur son salaire ordonnés par Saddam pour « gâchis de nourriture ». Mais souvent dictateur varie. Quand un plat a été jugé particulièrement savoureux, le cuisinier reçoit une prime qui compense largement les amendes précédemment infligées. En tout état de cause, mieux vaut servir le raïs que son fils. Unanimement salué comme un psychopathe, Oudaï Hussein peut exprimer son insatisfaction devant un plat à coups de barre à mine.

À l'occasion, Saddam Hussein passe de l'autre côté des fourneaux et se met à cuisiner lui-même. En 1988, alors qu'il reçoit le chef de l'OLP Yasser Arafat dans l'une de ses fermes, il décide de préparer un *tachrib*, un poulet fermier aux oignons et aux citrons, recouvert de *chrak*, le pain local. Amusé par la situation, le leader palestinien insiste pour venir l'aider. Saddam refuse catégoriquement et finit par lui claquer la porte au nez. Il tient à régner seul et sans partage sur les fourneaux de son palais.

Tel le Christ lavant les pieds des apôtres, le « descendant direct du prophète » cuisine parfois pour ses gardes du corps. Quand il fait la tournée des popotes, il lui arrive de mettre la main à la pâte. C'est du moins le message qu'il tient à faire passer. Car le tyran de Bagdad ne gouverne pas uniquement par la peur qu'instillent la police secrète et les délateurs du régime. Doté d'un indéniable charisme, Saddam Hussein sait charmer son monde, accomplissant ces petits gestes à l'humilité très calculée. La scène a été soigneusement préparée avant l'entrée en scène de l'artiste qui, auréolé de son titre de « maréchal des armées de l'Irak », vient soutenir le moral des troupes. Son cuisinier a fait précuire le riz dans une immense marmite, laissant le soin au grand chef d'achever lui-même le plat. Mais la préparation d'une recette exige un minimum d'attention. Or, sollicité de toutes parts pour des conversations ou des photos aux côtés des militaires, Saddam se laisse distraire, fait cuire le riz à l'excès, le sale trop. Mais nul n'aurait l'idée suicidaire de se plaindre de l'infâme mangeaille préparée par le raïs. Critiquer le dictateur, c'est jouer à la roulette russe mais avec huit balles dans le barillet.

Le chef Abu Ali en est parfaitement conscient. Malgré tout, il commet un jour l'imprudence de descendre en flamme une préparation du président. La scène se passe à bord de l'un de ses yachts lors d'une mini-croisière sur le Tigre. Saddam Hussein a tenu à cuire lui-même les *keftas* au barbecue pour ses invités. Comme il se doit, le chef a au préalable coupé du bœuf et de l'agneau mixé avec de la tomate, de l'oignon et du persil, le tout étant réfrigéré pour tenir sur les piques métalliques. Du pain pita, une salade de tomates et de concombre accompagnent les brochettes. Saddam Hussein n'a plus qu'à poser les *keftas* sur les braises et à recueillir ensuite les louanges de ses invités.

Quand le garde du corps lui fait goûter les brochettes mises de côté pour lui, Abu Ali sent sa bouche et sa gorge prendre feu. Sous le coup de boutoir des épices, le cuisinier s'enflamme et fait remarquer que jamais Saddam ne lui aurait pardonné un tel outrage : il lui aurait botté les fesses et aurait prélevé de l'argent sur son salaire. Or, en Irak, nul ne critique impunément le raïs, ni ses ministres, ni ses généraux, encore moins ses cuisiniers. Quand il le convoque, Saddam arbore une mine contrariée qui n'annonce rien de bon. Mortifié par sa bêtise, Abu Ali pense à sa femme et à ses enfants… D'un grand éclat rire, le dictateur déchire l'effrayant silence. D'humeur facétieuse, il a tout simplement inondé la viande de sauce Tabasco pour s'amuser du spectacle de ses invités, les yeux rougis, la bouche en feu, mais s'efforçant de garder bonne contenance devant lui. Grand seigneur, il reconnaît le bien-fondé des critiques de son cuisinier et s'acquitte d'une amende de cinquante dinars pour gâchis de nourriture.

Saddam Hussein se montre aussi doué en cuisine qu'en géostratégie militaire. Néanmoins, chacune de ses réalisations est saluée avec effusion. La vérité et la réalité se disjoignent par la magie d'une dictature parfaitement huilée. Le mauvais devient excellent. L'immangeable se transforme en prouesse. Les défaites militaires se muent en d'héroïques victoires. Tout peut devenir le contraire de tout si le ministère de la Vérité en décide ainsi.

Huit ans durant, la guerre des tranchées engagée contre l'Iran a procuré à Saddam le plaisir de dîner devant les images télévisées des cadavres mutilés, gazés et calcinés des Iraniens. Il confie à ses amis qu'un tel spectacle le met en appétit. La signature du traité de paix, le 20 août 1988, va désormais le priver de ces petites joies de l'existence.

L'armistice donne lieu à des réjouissances dans un des palais du raïs. Les invités s'y pressent autour de longues tables de banquet surchargées de plats traditionnels, de chaussons farcis à la viande et de fruits exotiques juteux. Introuvables sur la table des Irakiens, des kiwis, des mangues, des ananas ornent la nappe du pouvoir baassiste. Après huit ans d'indicibles souffrances et un million de morts, les frontières de l'Irak n'ont pas bougé d'un centimètre, Saddam Hussein n'est pas devenu le maître du golfe Persique, le régime des mollahs et son guide spirituel Khomeiny sont sortis renforcés de l'épreuve et l'économie irakienne a été saignée à blanc… Un fiasco aussi parfait mérite d'être célébré à grand renfort de petits fours engloutis sur fond de musique arabe et occidentale. C'est la bouche pleine que les affidés du régime louent la grandeur de Saddam. Avec un tel génie à la tête du pays, l'avenir leur réserve, à coup sûr, bien d'autres banquets de la victoire.

Le 2 août 1990, Saddam repart au combat, persuadé de ne faire qu'une bouchée du minuscule Koweït qui regorge de pétrole et d'émirs prétentieux. C'est compter sans la réaction armée de la communauté internationale, États-Unis en tête. Saddam a joué et, une nouvelle fois, il a perdu. Comme par miracle, le tyran se maintient au pouvoir, mais à la tête d'un État paria soumis à de sévères sanctions internationales. Les rêves de grandeur du nouveau Saladin débouchent sur une décennie de cauchemar avec une explosion de la mortalité infantile, des épidémies successives et une malnutrition chronique. Pour la population irakienne, trouver de quoi manger devient un combat de tous les instants dans un pays qui importait déjà 70 % de sa nourriture. Plus doué pour le maintien de l'ordre intérieur que pour les conquêtes extérieures, le régime baassiste sait s'y prendre pour tuer dans l'œuf les velléités de révolte. Dans les zones réputées sensibles, les familles de produits alimentaires sont dispersées sur différents marchés pour que la quête du pain quotidien devienne un casse-tête et accapare les esprits.

Comme si souvent, les sanctions internationales, qui ciblent le pouvoir, atteignent surtout la population. L'embargo frappant l'Irak ne change rien au régime alimentaire de Saddam Hussein qui a toujours préféré la nourriture locale. Sa table continue de crouler sous une large variété de plats irakiens. Les chefs à son service trouvent sans peine des dattes, des pistaches, des légumes, des fruits du cru, du riz ambré de Najaf qui accompagne le fameux *masgouf*. Le dictateur en mange à satiété, au moins une fois par semaine. Amateur de pêche, il lui arrive de réveiller sa brigade dès l'aube pour faire cuire les poissons rapportés dans ses filets. Le « locavorisme » de Saddam n'est pas guidé par sa conscience environnementale mais par le plaisir narcissique de manger les produits de « ses » fermes. Chaque jour, la lame effilée de son boucher tranche le cou d'un agneau, d'une chèvre ou d'un poulet élevé sur ses terres où gambadent également des gazelles. La légende lui prête l'habitude de désigner lui-même l'animal qui mijotera dans les marmites ou qui crépitera sur le barbecue présidentiel.

Sa collection de palais trahit l'incroyable mégalomanie de l'homme. Les constructions, achevées pour la plupart avant 1991, arborent des architectures pharaoniques (en forme de yacht pour l'un d'entre eux), des lacs artificiels, des espaces verts inspirés des jardins suspendus de Babylone, du marbre jusqu'à l'écœurement. Malgré – ou peut-être à cause de – son enfance de crève-la-faim, Saddam Hussein ne se soucie guère de la gabegie alimentaire. Les garde-manger de ses nombreuses résidences débordent de victuailles, qu'il soit ou non présent. Qu'importe s'il faut jeter la nourriture à la poubelle, la sécurité n'a pas de prix. Saddam Hussein se doit d'être partout et nulle part à la fois. Dès lors, il pratique le leurre dînatoire. Dans les différents palais présidentiels de Bagdad, de Mossoul, de Bassorah, de Tikrit, les cuisiniers rejouent tous les jours la même farce. Avec application, ils préparent les repas quotidiens et dressent la table d'un homme dont nul ne peut dire s'il viendra ou s'il ne viendra pas.

Pour le plus grand malheur des Irakiens, Saddam Hussein s'est inspiré d'un personnage historique sur lequel il s'est beaucoup documenté : Joseph Staline. Le communisme en moins, il se trouve bien des points communs avec le petit père des peuples. Comme le leader soviétique, il a enduré une enfance difficile sous les coups d'une figure paternelle brutale, il a mené une vie de voyou révolutionnaire, gravi les échelons du parti en éliminant tous ses rivaux, et écrasé son pays sous une chape de terreur.

La table stalinienne elle-même semble inspirer le maître de Bagdad. Durant un dîner privé autour de Saddam, il flotte la même atmosphère paradoxale. En apparence, l'ambiance est détendue : le maître des lieux tient à ce que tous les invités s'amusent sans chichi ni protocole. Lui-même donne l'exemple en savourant la bonne chère, le whisky, le cigare, et en encourageant les discussions à bâtons rompus. Mais les embrassades et les tapes dans le dos ne doivent pas faire illusion. Un halo de peur enveloppe la table. Le danger est au coin de chaque phrase. À tout instant, un propos maladroit peut s'échapper d'une bouche trop alcoolisée avec des conséquences imprévisibles. Tout comme Staline, Saddam a entre les mains le pouvoir jouissif de faire passer un convive de l'euphorie à la terreur. Il lui suffit de lever une phalange pour que sa volonté soit faite. Les invités le savent. Le dictateur sait que ses invités le savent. Et son plaisir ne s'en trouve que décuplé.

Dans sa jeunesse, avant de fonder l'ONG *Women for Women International*, Zainab Salbi a été témoin de ces instants où subitement, autour de la table, l'air se raréfie et les mâchoires se serrent. Fille d'un pilote d'avion et ami du président, elle a régulièrement assisté aux côtés de ses parents à des repas privés avec l'oncle Saddam, « Amo Saddam ». Elle garde le souvenir de dîners empreints d'une convivialité de façade mais sous laquelle se tapissent la peur et la tension nerveuse des invités.

Dans son livre publié aux États-Unis, *Between Two Worlds*, Zainab Salbi raconte qu'un jour une dame de la bonne société irakienne a l'imprudence d'exprimer sa surprise à la vue de raisins juteux posés sur la nappe.

Incroyable, explique-t-elle, elle n'en n'a pas mangé depuis des lustres ! Aussitôt, le regard noir de Saddam Hussein se pose sur elle, lui faisant ravaler son allégresse. Qu'insinue donc la drôlesse ? Sous son règne, les Irakiens ne mangeraient-ils plus à leur faim ? Dans l'esprit paranoïaque du tyran, une remarque aussi bénigne peut sous-entendre une critique acerbe du régime.

Durant un autre repas, Saddam Hussein veut savoir ce que la tablée pense de Napoléon Bonaparte. Les habitués des lieux savent bien que, dans une telle situation, il est préférable de laisser la parole à son voisin… Ce jour-là, le plus lettré des convives mais aussi le moins bien informé des règles de survie à la table de Saddam, un certain Bahir, reprend imprudemment la balle au bond. Inspiré par le sujet, il livre au débotté ses réflexions sur la vie et l'œuvre de l'empereur français. L'incroyable audace de Napoléon, fait-il remarquer, l'a, à la fois, porté au pouvoir et conduit à sa propre perte. Le général corse n'était pas homme à s'encombrer de l'opinion des autres. Il ne se fiait qu'à son jugement sans se soucier des répercussions de ses décisions. Au final, Bahir constatait que Napoléon avait dégringolé les marches du pouvoir aussi vite qu'il les avait gravies.

Un silence glacial accueille la fin de la péroraison. L'imprudent comprend un peu tard son erreur. Toute ressemblance avec des personnes existant ou ayant existé serait-elle purement fortuite ? L'air mauvais, Saddam Hussein interpelle l'imprudent : « Que veux-tu dire exactement, Bahir ? Te réfères-tu à Napoléon ou à quelqu'un d'autre ? »

Saddam se délecte probablement de l'effroi qu'il suscite. Mais comment être certain qu'un propos de table maladroit sera sans conséquence ? Seul un inconscient prendrait à la légère le risque d'offenser un homme réputé pour sa susceptibilité, sa brutalité et son sadisme. Année après année, les rapports d'Amnesty International pointent les crimes abominables du régime baassiste. Les actes de torture contre les opposants politiques et leurs enfants sont monnaie courante. Bagdad bruisse d'histoires terrifiantes d'hommes jetés vivants dans des bains d'acide ou découpés en morceaux dans le « palais du non-retour ». Emprunter un sens interdit dans le périmètre de sécurité d'une résidence présidentielle ou marcher sur une affiche du dictateur jonchant le sol sont des « crimes » sauvagement punis.

Comme pour alourdir une atmosphère de table déjà pesante, Saddam Hussein se plaît à évoquer la mémoire d'amis tombés en disgrâce avant d'être exécutés. Trahir sa confiance, rappelle-t-il entre la mangue et le fromage, c'est risquer d'avancer son rendez-vous avec le Très Haut. Seul l'idiot peinerait à comprendre la menace à peine voilée qu'il fait planer au-dessus de la table. Le message est limpide : les liens familiaux et amicaux ne protègent personne contre la colère de Saddam. Il faut être d'une confondante naïveté pour l'imaginer capable de mansuétude. En 1996, ce sera l'erreur fatale de ses deux gendres, « pardonnés » pour leur brève défection en Jordanie, avant d'être massacrés trois jours après leur retour en Irak.

Les fantômes des chers disparus fauchés par les purges peuplaient de la même manière la salle à manger de Staline. Le spectre d'anciens camarades de lutte hantait les pensées des vivants attablés aux côtés du *Vojd*. Si Saddam n'a pas fait le vide autour de lui avec autant d'énergie, certaines chaises inoccupées rappellent combien est ténue la frontière entre le monde des morts et celui des vivants dans cet Irak de la peur et de la suspicion. Le président irakien a fait sienne la maxime stalinienne : « Lorsqu'il y a quelqu'un, il y a un problème, quand il n'y a plus personne, il n'y a plus de problème. »

L'hospitalité moyen-orientale n'est cependant pas un vain mot. Saddam Hussein veille à ce que ses convives ne manquent de rien. Il régale son monde avec d'autant plus de générosité que ses clinquantes prodigalités ne lui coûtent rien : les richesses du pays sont devenues « propriété privée ». Le dictateur couvre ses invités de cadeaux et leur fournit même des liasses de billets pour qu'ils les jettent à la face des musiciens et des danseuses chargés de l'animation musicale du banquet. D'humeur habituellement joyeuse et rigolarde en de telles occasions, Saddam ne se fait pas prier pour aller sur la piste de danse malgré un manque évident de talent pour l'exercice. Sa solide constitution lui permet de rester ferme sur ses appuis malgré une consommation généreuse d'alcool. Lors de ces soirées festives, le dictateur vient toujours accompagné d'une caisse de whisky écossais. Il encaisse l'alcool avec le stoïcisme d'un cosaque.

Ce Saddam bambochard se soucie alors de l'islam comme d'une guigne. Même en période du ramadan, il n'abjure pas sa foi dans le Chivas Regal qu'il continue de consommer sans modération. En jouissant ainsi de la vie, au nez et à la barbe du Prophète, Saddam cultive son profil de dirigeant laïc et moderne frontalement opposé au rigorisme religieux de l'obscurantiste ayatollah Khomeiny. Servir le baassisme et assouvir ses envies passe bien avant une quelconque soumission à des ordres divins. Du reste, s'il devait se justifier, le dictateur irakien pourrait faire valoir que le Coran et la Sunna ne condamnent pas de manière explicite la consommation d'alcool. Seul semble réprouvé l'état d'ivresse, en particulier à l'heure de la prière. Les exégètes ne parvenant pas à se mettre d'accord sur la question, ils laissent une marge d'interprétation suffisamment large pour permettre à Saddam de lever le coude sans état d'âme.

Dans une dictature, la vérité se façonne comme de la pâte à modeler. D'un claquement de doigts, le gros buveur de whisky peut chasser des mémoires les vapeurs d'alcool sacrilèges et se réinventer sous les traits d'un serviteur zélé d'Allah. Au milieu des années 1990, le raïs lance une « campagne de retour à la foi » avec à la clé une interdiction stricte de la consommation d'alcool dans les lieux publics. L'apôtre de la résurrection arabe et socialiste s'est réinventé en guide de l'Oumma, la communauté des croyants. Chaque soir, à l'heure de la prière, la télévision montre un Saddam recueilli, implorant le Tout-Puissant. Magie de la propagande officielle, l'enfant miséreux de Tikrit hérite de la plus prestigieuse lignée qui soit : il devient le « descendant du prophète Mahomet ». Le noble nom de « Sayyid Saddam » se voit lesté du nouveau titre pompeux de « chef victorieux en Dieu ».

L'invasion anglo-américaine de 2003 lui inspire une rhétorique religieuse pur sucre. De cette bouche qui a éclusé des hectolitres de scotch écossais, jaillissent désormais des expressions empruntées au catéchisme djihadiste.

> « Ô peuple combattant, ô fils de notre glorieuse nation, hommes porteurs des armes et de l'honneur de la lutte, paix sur vous qui êtes en train de faire face, par vos cœurs pleins de foi, aux envahisseurs, aux ennemis de Dieu et de l'humanité, aux infidèles ! En ces jours les plus honorables depuis plus de sept cents ans, Dieu nous a offert une grande occasion, une adversité par laquelle Il veut tester notre foi et notre allégeance. C'est l'occasion de traduire la parole en actes, afin que Dieu nous accorde sa clémence. »

Le Très Haut ne sera d'aucun secours à celui qui s'est servi de l'islam bien plus qu'il ne l'a servi. Le 13 décembre 2003, à une trentaine de kilomètres de Tikrit, le « chef victorieux en Dieu » se laisse capturer par les infidèles, hagard, sale et échevelé.

Le compte à rebours a commencé. Il ne reste plus à Saddam Hussein que trois ans à vivre avant de gigoter au bout d'une corde comme un vulgaire criminel, lui qui promettait de mourir en martyr, les armes à la main. Ses rodomontades d'avant-guerre ne se sont jamais matérialisées. « J'espère que l'Amérique débarquera avec son armée pour occuper l'Irak. J'aimerais vraiment qu'elle le fasse afin que nous puissions tuer tous les Américains. Nous les ferons rôtir et les mangerons », avait-il menacé. On connaît la suite… Au fond de sa cellule, au camp Cropper, situé près de l'aéroport de la capitale, l'ancien « boucher de Bagdad » ressemble à un vieillard détruit par la défaite et non à l'effrayant Hannibal Lecter.

À longueur de journée, sa bouche de dictateur à la retraite sirote paisiblement du thé Lipton qu'il exige bouillant avec du sucre ou du miel. Parti de rien pour arriver nulle part, l'univers de Saddam Hussein s'est réduit à une cellule individuelle de trois mètres sur quatre qu'il arpente tongs aux pieds, le plus souvent vêtu d'une dishdasha, version irakienne de la djellaba. L'ancien raïs peut mesurer sa déchéance à la taille de cette petite table en plastique rouge sur laquelle un gardien pose les plateaux-repas. Il est bien révolu le temps des dîners somptueux sur des nappes brodées dans des décors au luxe tapageur. Des dizaines de paires d'yeux mêlés de peur et d'admiration convergeaient vers son trône doré. Désormais, seuls les regards de ses geôliers américains, les *super twelve* de la garde nationale de Pennsylvanie, scrutent chacune de ses bouchées. Dans de telles conditions, il est bien difficile de savourer son petit-déjeuner, habituellement composé d'une omelette aux oignons et champignons, de muffins, d'un fruit, le tout avalé avant la prière du matin. La défaite a fait perdre au détenu son titre de « descendant du Prophète » mais pas la foi : il n'est plus question de négliger le Créateur alors que la mort approche à grands pas.

Saddam Hussein n'a plus le pouvoir de mettre le chef à l'amende si le plat n'est pas à son goût. Il lui faut bien manger ce que les Américains lui mettent dans la gamelle. De temps à autre, il se rebelle comme pour affirmer les honneurs dus à son rang d'ancien chef d'État. Si son omelette est écornée ou légèrement éventrée, il la renvoie en cuisine. Il exige que, sur le plateau, la nourriture soit parfaitement compartimentée afin d'éviter un mélange des aliments, qui le dégoûte. Saddam le bon vivant peut encore jouir de ses cigares cubains et de sucreries que sa fille Raghad, exilée en Jordanie, lui fait parvenir par l'entremise de ses avocats.

Tout comme le caporal Adolf Hitler s'amusait à observer les souris qu'il nourrissait de petits morceaux de viande dans sa chambre de caserne, Saddam Hussein se divertit du spectacle des oiseaux picorant les boulettes de pain qu'il met de côté pour eux. Une fois la routine établie, il s'émerveille de les voir s'aligner sur les barbelés dans l'attente de leur snack quotidien. Il ne cache pas sa déception quand les volatiles manquent à l'appel.

Si, en prison, Saddam Hussein se révèle un détenu modèle, au palais de justice, l'accusé endosse à nouveau son costume de féroce dictateur. Charismatique, ironique, colérique, menaçant et bien décidé à transformer le prétoire en tribune, il questionne sans cesse la légitimité de ses juges : à ses yeux, des marionnettes aux mains des Américains. De fait, le « hasard » a mal fait les choses pour le prévenu : aucun des magistrats n'est sunnite.

Dans le bâtiment où siège le Haut Tribunal pénal, logé dans la Zone verte, la citadelle ultra-sécurisée au cœur de Bagdad, se joue clairement une parodie de justice. Saddam Hussein a fait exécuter suffisamment de monde en Irak, sans l'ombre d'un procès, pour deviner le sort qui lui est promis. Sa fronde de prétoire poursuit un seul objectif : discréditer la procédure judiciaire et, par ricochet, le nouveau pouvoir irakien. L'ancien maître du pays utilise les deux armes qui lui restent : sa bouche et son ventre.

À l'ouverture de la douzième audience du procès, réclamant la récusation du président du tribunal, Saddam Hussein annonce qu'il ne se nourrit plus depuis trois jours. Il n'est pas le seul : ses sept coaccusés observent également une grève de la faim en signe de protestation. Le détenu a effectivement maigri, nourrissant les inquiétudes des Américains bien décidés à ne pas laisser Saddam s'extraire de la justice des hommes, auréolé d'une image de martyr. N'est pas Bobby Sands qui veut : la révolte des ventres s'arrête au bout d'une dizaine de jours. Mêlant flatteries et humour, un général américain parvient sans grande difficulté à convaincre le gréviste de cesser son jeûne de protestation. L'ancien dictateur ne tardera pas à reprendre les kilos perdus. Le manque d'exercice en captivité a arrondi cette silhouette qu'il avait pris soin d'affiner à la faveur d'un régime commencé en 2002. « Je vais devenir gras comme un Américain », a-t-il l'habitude de plaisanter avec ses gardiens.

Quelle est la saveur du dernier repas ? L'avant-goût de la mort ôte-t-il tout plaisir de passer à table ? Pour le condamné à mort, chaque dîner peut être le dernier, avant l'ultime coucher de soleil, avant l'ultime lever du jour. Ce 29 décembre 2006, assis à sa table en plastique rouge, Saddam Hussein a-t-il compris ? Les queues de homard trônant dans son assiette fournissent un indice évident :

ce repas de fête annonce à n'en pas douter la fin de son existence épique. Sourit-il en songeant à la sensiblerie des Américains ? Lui, Saddam, ne s'embarrassait pas de tant de salamalecs quand il faisait passer ses ennemis de vie à trépas. Ceux que l'on gazait ou plongeait dans des bains d'acide n'effectuaient pas leur dernier voyage le ventre rempli de homard.

Ces cochons de Yankees seraient-ils travaillés par leur mauvaise conscience ? S'ils croient alléger le poids de leurs mensonges en le gavant de queues de homard, ils se fourvoient. Bien après sa mort, ils continueront de payer le prix de leur crime. Le peuple irakien, avec l'aide d'Allah, exercera sa vengeance contre les infidèles et les traîtres qui s'apprêtent à le pendre. Le repas est terminé. L'obscurité a envahi la cellule. Il faut aller se coucher. La nuit sera courte. La journée aussi. Lui, Saddam, doit rester en forme, avoir l'esprit clair quand les Américains et leurs judas viendront le chercher.

Bibliographie

Aburish, K. Saïd, *Le Vrai Saddam Hussein*, Paris, Saint-Simon, 2003.

Albert, Jean-Marc, *Aux tables du pouvoir, des banquets grecs à l'Élysée*, Paris, Armand Colin, 2009.

Assouly, Olivier, *Les Nourritures divines, essai sur les interdits alimentaires*, Arles, Actes Sud, 2002.

Bardenwerper, Will, *The Prisoner in His Palace : Saddam Hussein, His Americans Guards, and What History Leaves Unsaid*, New York, Scribner, 2017.

Bashir, Ala, *Trapped in Saddam's Brutal Regime*, Londres, Abacus, 2005.

Bokassa, Marie-France, *Au château de l'ogre*, Paris, Flammarion, 2019.

Brackman, Roman, *Staline, agent du tsar*, Paris, L'Archipel, 2003.

Bragard, Gilles, et Roudaut, Christian, *Chefs des chefs*, Paris, Éditions du Moment, 2013.

Chang, Jung, et Halliday, Jon, *Mao : L'histoire inconnue*, Paris, Gallimard, 2006.

Clark, Victoria, et Scott, Melissa, *Dictators' Dinners, A Bad Taste Guide to Entertaining Tyrants*, Londres, Gilgamesh Publishing, 2015.

Domenach, Jean-Luc, *Mao, sa cour et ses complots*, Paris, Fayard, 2012.

Ducret, Diane, *Femmes de dictateur*, Paris, Pocket, 2012.

Durandin, Catherine, *Nicolae Ceauşescu : vérités et mensonges d'un roi communiste*, Paris, Albin Michel, 1990.

Faes, Géraldine, et Smith, Stephen, *Bokassa Ier, un empereur français*, Paris, Grasset, 2000.

Giscard d'Estaing, Valéry, *Le Pouvoir et la vie*, vol. 2, Paris, Le Livre de poche, 1991.

Guez, Olivier (dir.), *Le Siècle des dictateurs*, Paris, Perrin, 2019.

Junge, Traudl (avec la collaboration de Melissa Müller), *Dans la tanière du loup*, Paris, JC Lattès, 2005.

Kershaw, Ian, *Hitler, tome I : 1889-1936*, Paris, Flammarion, 1999.

Kershaw, Ian, *Hitler, tome II : 1936-1945*, Paris, Flammarion, 2000.

Khlevniouk, Oleg Vitalievitch, *Staline*, Paris, Belin, 2017.

Khrouchtchev, Nikita, *Souvenirs*, Paris, Robert Laffont, 1971.

Linge, Heinz, *With Hitler to the End : The Memoirs of Adolf Hitler's Valet*, Barnsley, Frontline Books, 2009.

Malbrunot, Georges, et Chesnot, Christian, *L'Irak de Saddam Hussein, Portrait total*, Paris, Éditions 1, 2003.

Mitterrand, François, *La Chine au défi*, Paris, Julliard, 1961.

Montefiore, Simon Sebag, *Staline, la cour du tsar rouge : 1929-1941*, Paris, Perrin, 2010.

Montefiore, Simon Sebag, *Staline, la cour du tsar rouge : 1941-1953*, Paris, Perrin, 2010.

Normand, Joël (avec Pierre Doncieux), *La Ve République aux fourneaux*, Paris, La Table ronde, 2000.

Onana, Charles, *Bokassa : ascension et chute d'un empereur 1921-1996*, Paris, Éditions Duboiris, 1998.

Pacepa, Ion, *Horizons rouges*, Paris, Presses Pocket, 1990.

Salbi, Zainab (avec Becklund Laurie), *Between two Worlds, Escape from Tyranny : Growing Up in the Shadow of Saddam*, New York, Penguin, 2006.

Schroeder, Christa, *He was my Chief, The Memoirs of Adolf Hitler's Secretary*, Barnsley, Frontline Books, 2009.

Short, Philip, *Mao Tsé-toung*, Paris, Fayard, 2005.

Speer, Albert, *Au cœur du IIIe Reich*, Paris, Fayard, 2011.

Stelzer, Cita, *Dinner with Churchill, Policy-making at the Dinner Table*, Londres, Short Books, 2012.

Stolojan, Sanda, *Avec de Gaulle en Roumanie*, Paris, Éditions de L'Herne, 1991.

Szablowski, Witold, *How to Feed a Dictator*, Londres, Penguin, 2020.

Vaussion, Bernard, et Roudaut, Christian, *Au service du palais*, Paris, Éditions du Moment, 2014.

Yang, Jisheng, *Stèles, la grande famine en Chine, 1958-1961*, Paris, Seuil, 2012.

Zhisui, Li, *La Vie privée du président Mao*, Paris, Plon, 1994.

Remerciements

Je remercie les personnes qui ont nourri ma réflexion par leur témoignage et leur éclairage : Marie-France Bokassa, Jean-Paul Benoit, Lavinia Betea, Vasile Buga, Jean-André Charial, Christian Chesnot, Adrian Cioroianu, Jean-Luc Domenach, Françoise Daucé, Mihai Dragomir, Antoine Glaser, Saman Abdul Majid, François-Xavier Nérard, Charles Onana, Zainab Salbi, Philip Short, Mihai Sturdza, Bernard Vaussion. Je sais gré à Jean-Maurice Sacré de m'avoir ouvert son impressionnante collection de menus élyséens. Je tiens à exprimer toute ma gratitude à Élisabeth Samama pour son accompagnement judicieux et l'énergie positive qu'elle a insufflée dans cette aventure.

J'adresse enfin mes remerciements à Guillaume Robert pour le suivi attentif et enthousiaste de ce projet éditorial.

Table

PEFC
10-31-2541
Promouvoir la gestion durable de la forêt
www.pefc-france.org

Réalisation : Nord Compo à Villeneuve-d'Ascq
Achevé d'imprimer en décembre 2023
par Normandie Roto Impression s.a.s. à Lonrai
N° d'imprimeur : 2304503
Dépôt légal : janvier 2024
ISBN : 979-10-210-5344-1
Numéro d'édition : 4978
Imprimé en France